Helmut Köckenberger / Gudrun Gaiser

„Sei doch endlich still!"

Entspannungsspiele und -geschichten für Kinder

Helmut Köckenberger / Gudrun Gaiser

„Sei doch endlich still!"

Entspannungsspiele und -geschichten für Kinder

borgmann

Wichtiger Sicherheitshinweis: *Alle hier vorgeschlagenen Übungen und Spielideen wurden von den Autoren und dem Verlag sorgfältig erwogen und geprüft. Dennoch erfolgt ihre Durchführung auf eigene Gefahr und entbindet die/den Übungsleiter/in nicht von der Beachtung individueller Gefahrenmomente und der Planung entsprechender Sicherungsmaßnahmen. Eine Haftung der Autoren bzw. des Verlages und seiner Beauftragten ist ausgeschlossen.*

© 1996 borgmann publishing GmbH, 44139 Dortmund

Gesamtherstellung: Löer Druck GmbH, Dortmund

Titelbild und Illustrationen: Margrit Bertschinger

Bestell-Nr. 8373   ISBN 3-86145-089-5

Urheberrecht beachten!
Alle Rechte der Wiedergabe, auch auszugsweise und in jeder Form, liegen beim Verlag. Mit der Zahlung des Kaufpreises verpflichtet sich der Eigentümer des Werkes, unter Ausschluß des § 53, 1-3, UrhG., keine Vervielfältigungen, Fotokopien, Übersetzungen, Mikroverfilmungen und keine elektronische, optische Speicherung und Verarbeitung, auch für den privaten Gebrauch oder Zwecke der Unterrichtsgestaltung, ohne schriftliche Genehmigung durch den Verlag anzufertigen. Er hat auch dafür Sorge zu tragen, daß dies nicht durch Dritte geschieht.

Zuwiderhandlungen werden strafrechtlich verfolgt und berechtigen den Verlag zu Schadenersatzforderungen.

Inhalt

Vorwort 7

1. Einleitung 9

2. Praxis 14

   2.1 Stop and go-Spiele 14
   2.1.1 Fangspiele 20
   2.1.2 Trampolin 24
   2.2 Beruhigende Spiele 28
   2.3 Körpererfahrungsspiele 36
   2.4 Atemspiele 46
   2.5 Konzentrationsspiele 52
   2.5.1 Sehen 53
   2.5.2 Hören 58
   2.5.3 Spüren 62
   2.5.4 Denken 64
   2.6 Massage- und Taktilspiele 67
   2.7 Traumgeschichten 76
   2.7.1 Einstieg 76
   2.7.2 Inhalte 78
   2.7.3 Ausstieg 81
   2.8 Spiele für den psycho-emotionalen Bereich ... 82
   2.8.1 Ausagierspiele 82
   2.8.2 Interaktionsspiele 84
   2.8.3 Soziogramme 84
   2.8.4 Theater- und Rollenspiele 85
   2.8.5 Gestaltungsspiele 87
   2.9 Festhaltetherapie 88

3. Methodische Hinweise 89

4. Geschichtensammlung 91

   4.1 Besuch im Zoo 91
   4.2 Der Junge mit der Mundharmonika 95
   4.3 Der Kobold 99
   4.4 Der rote Punkt 104
   4.5 Der Stein 107
   4.6 Der Stein und die Sonne 110
   4.7 Der Unfall 113

4.8 Die bunte Stadt	116
4.9 Die Kräuterliesel	120
4.10 Fred, der schillernde Fisch	124
4.11 Freund Schneemann	127
4.12 Krokofant und Mausegei	130
4.13 Laura und der goldene Schlüssel	133
4.14 Sandras Geheimnis	137
5. Stundenbilder	**140**
5.1 Schaumstoffbausteine und Rollbretter	140
5.2 Das Auto	144
5.3 Trampolin	146
5.4 Das Krankenhaus	150
5.5 Entspannungsräume	152
5.6 Duftmassage	154
5.7 Traumstunde	156
Literatur	**164**

Vorwort

Das vorliegende Buch soll einen Überblick vermitteln, auf wieviel verschiedenen Arten mit Kindern Entspannung geübt werden kann. Wir erheben keinerlei Anspruch auf Vollständigkeit.

Einige der aufgeführten Spiele beruhen auf allgemein bekannten Kinderspielen und wurden teilweise abgeändert, während der größte Teil der Ideen innerhalb unserer Arbeit entstand.

Vielen Dank hierfür unseren Kollegen und besonders den Kindern, die durch ihr Ausprobieren und Mitspielen entscheidend dazu beigetragen haben, mit Kreativität und Spaß, diese Entspannungsspiele weiterzuentwickeln oder neu zu gestalten.

Den Lesern wünschen wir ebenfalls viel Spaß beim Anwenden dieser Anregungen und viel Mut beim Ausprobieren eigener oder von Kindern aufgegriffener neuer Ideen.

8

1. Einleitung

Im Schulbereich sind seit einigen Jahren immer mehr unruhige, unkonzentrierte und leicht ablenkbare Kinder zu beobachten. Auch im Kindergarten berichten die ErzieherInnen von ruhelosen Kindern mit wenig Ausdauer beim Spielen, Malen oder Zuhören. Gleichzeitig werden Ärzte und Psychologen vermehrt wegen Einschlafproblemen, Bettnässen, Ängstlichkeit, Teilleistungsstörungen und Lernschwierigkeiten konsultiert.
Die Ursachen sind im Einzelfall sicher verschieden und können auch nicht immer vollständig herausgefunden werden.
Allerdings ist es unbestritten, daß die momentane Situation des Kindes in unserer Gesellschaft dazu beiträgt. Ursachen können sein:

- die ständige Reizüberflutung von Werbung, Konsum und Freizeitindustrie

- die Schnellebigkeit, die permanenten Wechsel von Anforderungen, Reizen und Freizeitprogrammen

- die erhöhten Anforderungen in der Schule, verbunden mit dem Leistungsstreß schon ab der Grundstufe

- die fehlenden Frei- und Bewegungsräume während und nach der Schule, der allgemein zunehmende Bewegungsmangel

- der Trend zu immer mehr vorgegebenen passiven Freizeitangeboten wie Video, Fernsehen, Computerspiele

- die Veränderungen innerhalb der Familienstruktur

Kinder haben anscheinend wenig Möglichkeit, Ruhe und Stille zu finden und sie zu genießen. Erst nach langsamen Herantasten an ruhige und reizärmere Situationen kann das Bedürfnis nach Entspannung geweckt und Ruhe wieder selbständig gesucht werden.

Auch bei uns in der Körperbehindertenschule stellen wir fest, daß neben den Kindern mit eindeutigen hirnorganisch bedingten motorischen Ausfällen und Behinderungen die Zahl der zusätzlichen Wahrnehmungs-, Teilleistungs-, Konzentrations- und Verhaltensstörungen deutlich zunimmt. So müssen nicht nur Pädagogen, sondern auch Krankengymnasten und Ergotherapeuten ihre Unterrichts- und Behandlungszielsetzung erweitern oder sogar verändern. Es werden entspannende Ruhesituationen in die Unterrichts- und

Therapiestunden integriert und spezielle Körperwahrnehmungs- und Massagestunden innerhalb der Klassen organisiert. Es werden fortlaufende Gruppen für Entspannung und Konzentration unter dem Namen Traumstunde angeboten oder auch in Zusammenarbeit mit Psychologen psychotherapeutisch orientierte Spiel- und Übungsgruppen.

Für den Erwachsenen steht ein breites Angebot verschiedenster Entspannungsmethoden und -therapien bereit, deren Ansätze meist körperorientiert definiert sind. Genannt seien als kleine Auswahl Tai Chi, Yoga und Meditation aus dem Osten, verschiedenste Massagetechniken, Eutonie, Progressive Muskelentspannung nach Jacobsen, Atemtherapie nach Middendorf bis hin zur Selbstsuggestionstechnik des Autogenen Trainings nach Schultz und den Körpertechniken aus der humanistischen Psychotherapie.

Dagegen sind Entspannungsformen, speziell für das Kind entwickelt, schwerer zu finden. Manchmal werden Erwachsenenprogramme für die Kinder übernommen. Meist fehlt aber die kindgerechte Übertragung in eine Bildersprache, in eine Geschichte oder in motivierender Anbietung und Gestaltung der Übungen. Dabei ist es oftmals notwendig, die Übungen für Erwachsene in Spiele für Kinder zu verwandeln, ohne daß das eigentliche Übungsziel aus den Augen verloren geht. Dies würde auch manchem Erwachsenen das Loslassen von Verspannung und Fehlhaltung erleichtern.

Die Sammlung der Spiele und Übungen in diesem Buch ist für alle Kinder geeignet. Entsprechend dem Entwicklungsalter und den momentanen Bedürfnissen der Kinder, der Art der Symptomatik und der Defizite, sollten die Spiele ausgewählt, modifiziert oder weiterentwickelt werden. Einige Spiele sind sinnvollerweise erst nach einem methodischem Aufbau anzubieten.

Die Spiele können innerhalb des Unterrichts, der Therapie sowie im Kindergarten, als separate Entspannungsstunde, außerdem während der Bewegungs- und Sportstunde angeboten werden. Einzelne Übungsspiele eignen sich auch für eine kurze Pause innerhalb des Unterrichts oder zwischen den Stunden.

Ebenso können Eltern Anregungen für Zuhause erhalten.

Speziell geeignet sind die Spiele für folgende Kinder:

Hyperaktive Kinder

Sie sind ständig in Bewegung, haben wenig Ausdauer beim Spielen, wechseln häufig zwischen den Angeboten und es fällt ihnen schwer, ruhig zu sitzen oder zu liegen, ohne zu zappeln, mit Händen und Füßen zu zucken oder zu grimassieren. Sie werden ständig abgelenkt von den Dingen, die um sie herum passieren, Ruhesituationen weichen sie aus. Im feinmotorischem Bereich sind sie oftmals ungeübt und ungeschickt.

Teilleistungsgestörte Kinder

Sie leiden unter einer Kombination von kleineren hirnorganischen Ausfällen, die sich in Wahrnehmungs- und Bewegungsschwierigkeiten, sekundär von Verhaltensauffälligkeiten begleitet, individuell verschieden bemerkbar machen. Auffällig sind die tolpatschige, schwerfällige oder hart-eckige Motorik, Bewegungsängstlichkeit, Koordinations- und Gleichgewichtsprobleme, Mangel an Körperbewußtsein und räumlicher Orientierungsfähigkeit und eine verkrampfte Stifthaltung.

Verkrampft-ängstliche Kinder

Ihr Grundproblem ist primär im psychisch-emotionalen Bereich zu suchen. Sie leiden unter mangelndem Selbstvertrauen, haben Angst vor dem Alleinsein, der Dunkelheit, dem Loslassen und sich Fallenlassen, vor Neuem und vor dem Berührtwerden.
Sie zeigen Ausweichverhalten bei Anforderungen und ein gehemmtes Bewegungsverhalten. Teilweise stottern sie und haben Einschlafprobleme. Kaschiert wird diese Ängstlichkeit oftmals durch Angeberei und Kopflastigkeit.

Kinder mit Konzentrationsmangel

Diese Kinder wirken ruhig, gleichzeitig aber schlaff und träge. Sie machen insgesamt einen müden, abgespannten Eindruck, scheinen desinteressiert und ohne eigenen Antrieb. Für sie ist es besonders wichtig, daß ein Angebot einen hohen Aufforderungscharakter besitzt.

Entspannung

Entspannung und Anspannung, die Funktionen des Tonus, werden in den Zentren des Gehirns geregelt. Großen Einfluß hierbei wird u.a. einem Bereich im Stammhirn, der formatio reticularis, zugesprochen. Dieser Bereich hat aber auch Filterfunktion für alle eintreffenden Wahrnehmungsreize, die an dieser Stelle ausgeblendet, verstärkt, gebündelt und miteinander kombiniert werden.

Einfluß auf Tonuserhöhungen, bzw. -absenkungen besitzen neben bestimmten Hormonen auch verschiedene Wahrnehmungssysteme, besonders das Vestibularsystem (Gleichgewichtssystem) und das kinästhetische (tiefensensible) System, außerdem innere Gedanken- und Gefühlsabläufe. Wenn Gefühle weggesteckt werden müssen, wird häufig viel Lebensenergie benötigt, um eine äußere Fassade durch körperliche Anspannungen und Blockaden als schützenden Muskelpanzer aufrecht zu erhalten. Deutlich ist das Zusammenspiel von Körperhaltung und psychisch-emotionalen Vorgängen zu beobachten. Entspannung der Muskulatur ist als Voraussetzung für eine weitreichende vegetative und geistig-seelische Entspannung zu sehen und umgekehrt.

Entspannung bedeutet also nicht nur das schrittweise Ausblenden von äußeren Wahrnehmungsreizen, das Aufgeben von überflüssiger Bewegung und das Absenken der willkürlichen und unwillkürlichen Muskelspannung (Tonus) bis auf das Grundniveau zum Erhalt der Lebensfunktionen, sondern dadurch auch das schrittweise Öffnen für die Ruhe. Dies ermöglicht das Wahrnehmen und Betrachten innerer Bilder und seelisch-emotionaler Abläufe und dadurch das Loslassen von Problem- und Rollenfixationen. Das möglichst maximale Absenken des Muskeltonus ist hilfreich, um Bewegungsunruhe und Einschlafproblemen entgegenzuwirken.

Voraussetzung für Konzentration ist ein entspannter aber nicht schläfriger Zustand, so daß die Aufmerksamkeit in einem Brennpunkt gesammelt werden kann. Dagegen verhindert Streß optimale Konzentration und innere Ruhe. Durch überhöhte Leistungsanforderungen und Druck zum Stillhalten („Sei endlich ruhig! Halte still! Sei doch entspannt!") werden Streßhormone ausgeschüttet und ein Erhöhen des Muskeltonus erzielt. Im besten Fall bewirkt es ein Unterdrücken von Bewegung, ein Ruhighalten durch angespannte Muskulatur bis hin zum Anhalten der Atmung. Ruhige Atmosphäre und kindgerechtes Hinführen zur freiwilligen, im Endziel selbstgesuchten Entspannungs- und Ruhephase fördert die Eigenständigkeit des gesunden Wechsels von Aktivität, Anspannung, Entspannung und Konzentration.

Motivation

Motivation ist für jede Lernsituation wichtig. Durch Motivation wird beim Kind Neugier geweckt. Es wird angetrieben, Neues zu erleben und zu erlernen, seine Umwelt kennenzulernen und sich mit ihr vertraut zu machen. Da Kinder gerne spielen, ist Spiel das Mittel, um Kinder zu motivieren. Dabei ist nicht allein das Endprodukt, das schnellstmögliche Erreichen des Zieles für das Kind wichtig, sondern schon die Phase des Ausprobierens, schrittweise Lösungen zu finden und zu wiederholen verschafft Befriedigung.
Es sollte schon die Bemühung, ein Ziel zu erreichen verstärkt werden, unabhängig davon, ob das Ziel letztlich auch erreicht wird.
Ein gutes Mittel, Motivation zu fördern, sind nicht nur verbale und nonverbale Bestätigung (Mimik, Gesten). Vor allem die eigene Erfolgsbestätigung schafft durch kleine erreichbare Ziele Selbstvertrauen. Dies ist Grundvoraussetzung, um mit Eigenantrieb neue, weiter gesteckte Ziele durch eigene Lösungsstrategien zu erreichen.
Das Kind wird durch zu hoch gesteckte Ziele, durch Konfrontation mit zuviel neuen Angeboten und Reizen, durch ständig wechselnde und unsichere Rahmenbedingungen, durch nicht dem Entwicklungsstand entsprechende Übungen, durch nicht kindgerechte Übungen und Anweisungen und durch vergleichende Leistungsbeurteilungen überfordert.
Dies verhindert motiviertes Lernverhalten. Erfolgen dagegen keinerlei neue Angebote, entsteht Langeweile und die Konzentrationsbereitschaft sinkt ab.

2. Praxis

2.1 Stop and Go-Spiele

Diese Tobe- und Fangspiele geben dem Kind Raum und Zeit, mit möglichst wenig Einschränkung durch Reglementierung und komplizierte Spielregeln sich auszutoben, den angestauten Bewegungsdrang auszuleben, bis die Puste ausgeht, bis hin zur körperlichen Erschöpfung. Angebotene Pausen und erholende Ruhephasen werden leichter und vielleicht sogar selbständig und freiwillig wahrgenommen.

Das bewegungsunruhige Kind wehrt sich somit nicht mehr gegen die erzwungene Ruhigstellung, sondern lernt Entspannung schätzen. Das Regelwerk dieser Spiele sollte verständlich, einfach erklärbar und erlernbar sein, mit möglichst wenig Einschränkungen des Bewegungsradius. Schrittweise werden kürzere oder längere Pausen (Stops) eingeführt, dem Entwicklungsstand der Kinder angepaßt, so daß die Pausenlänge die Entspannungsfähigkeit der Kinder fördert, aber nicht überfordert. Durch die Einbindung der Spiele in eine Geschichte werden die Kinder auch durch ihr eigenes

Stop and Go-Spiele **15**

Miterleben motiviert, zu warten und Ruhephasen auszuhalten. Ein Teil der bekannten Kinderspiele beinhaltet auch diese gewünschte Abwechslung von Bewegung und geregelten Ruhepausen. Empfehlenswert sind möglichst einfache Spielregeln. Außerdem ist auf die Zeitdauer von Bewegung, Abwarten, Ruhepausen und eine evtl. Nichtbeteiligung am aktuellen Spielgeschehen zu achten. Hier seien nur einige der Kinderspiele als Beispiel aufgeführt.

Diese Tobe- und Fangspiele sind für die meisten Kinder geeignet, um die ersten Ruhe- und Entspannungsphasen spielerisch einzuführen. Bei einigen Kindern kann aber auch genau das Gegenteil des gewünschten Effekts eintreten. Anstelle dem Wunsch nach Ruhe ist ein immer aufgedrehteres, übersteigertes, und unkontrollierteres Bewegungsverhalten zu beobachten. Diese Kinder leiden meist an Reizüberflutung und mangelnder Selbstkontrolle. Sie müssen erst lernen, den Bewegungsfreiraum zu benutzen und benötigen deshalb anfangs einen ruhigeren bzw. eng vorgegebenen Rahmen zum Austoben (z.B. mit Hilfe von Material werden die Grenzen gesteckt: auf der Schaukel, auf dem Trampolin, in der Hängematte, auf der Rutsche o.ä.)

Kissenschlacht

Die Kinder bewerfen sich eine Zeitlang mit Kissen, mit Schaumstoffwürfeln, mit geknüllten Zeitungspapierbällen o.ä. In den Pausen sammeln sie wieder ihr Wurfmaterial zusammen.

Burgenschlacht

Die Kinder sind in zwei (oder mehrere) Gruppen eingeteilt. Zum Verschanzen baut sich jede Gruppe eine Burg aus den Schaumstoffbausteinen (ca. 15 x 20 x 30 cm große Steine). Die Kinder halten sich in ihrer Burg auf und bewerfen von dort aus die anderen Burgen. In der Pause wird die eigene Burg zum Materialsammeln verlassen, bzw. die eigene Burg wieder aufgebaut.
Variation: Anstelle der Burg genügt es manchmal auch, nur eine Mauer als Deckung zu bauen.

Zimmer putzen

Der Raum ist mit einem Tau oder einer Langbank in zwei Felder (Zimmer) unterteilt. Das Wurfmaterial (Bälle, Schaumstoff) ist in den Zimmern verteilt. Die „Mutter" kommt herein und beschwert sich über den Dreck in den Zimmern. Die Kinder sollen in 5 Min.

ihr Zimmer aufgeräumt haben. Die Kinder werfen den „Dreck" in das andere Feld hinüber. Nach 5 Min. („Die Mutter kommt wieder") wird die Materialmenge in jedem Zimmer gezählt oder mit dem anderen Zimmer verglichen.

Schneetreiben

Möglichst viele Zeitungsseiten werden ständig als Schneeflocken in die Luft geworfen. Auf den Ruf hin „der Eisbär kommt" verstecken und bedecken sich alle Kinder mit den Zeitungen und bleiben solange darunter versteckt liegen, bis der Ruf ertönt „Der Eisbär ist weg".

Variation: Es werden Seidentücher, Kopfkissen, Bettbezüge hochgeworfen.

Luftballon austreten

Mit einem ans Bein gebundenen Luftballon versuchen die Kinder sich gegenseitig die Luftballons kaputtzutreten. Das Kind, das einen neuen Luftballon braucht, kommt zum Erwachsenen in die „Luftwerkstatt", legt sich ruhig auf den Boden und erspürt, an welchem Körperteil die Luft von einem Luftballon ausgeblasen wird. Dann bläst es sich einen neuen Ballon auf, bindet ihn sich ans Bein mit einem Bindfaden und darf sich erneut ins Getümmel stürzen.

Ballmarathon

Die Kinder spielen, werfen, schießen, bewegen die verschiedenen Bälle (Luftballons, Riesenluftballons, Zeitlupenbälle o.ä.)solange sie wollen (können) im Raum herum. Wird ein Kind müde, setzt es sich auf die Beobachterbank oder zieht sich in eine Höhle zurück zum Ausruhen, bis alle Kinder zum Ende gekommen sind.

Reparaturwerkstätte

Die Kinder springen auf dem Trampolin, Airtramp, rennen oder fahren mit Rollbrettern, Fahrzeugen im Raum (Feld) herum. Sobald zwei Kinder oder Fahrzeuge sich berühren (Unfall), müssen sie in die Werkstatt (Turnmatte, Decke o.ä.) zur Reparatur: Das Kind wird nacheinander an drei Körperstellen berührt. Es muß die entsprechenden Stellen erspüren, zeigen, benennen. Dabei sind die Augen geschlossen. Dann dürfen sie weiter rennen, springen oder fahren.

Variation: Die rechte Hand des Kindes wird eingecremt, bzw. ein Fuß o.ä.

Variation: Das Feld wird verkleinert, bzw. es können noch Hindernisse aufgebaut werden, die nicht berührt/umgestoßen werden dürfen.

Variation: Anstelle des Werkstattbesuches bleiben die Kinder nach dem Unfall (mit Stromausfall) auf der Stelle liegen und warten, bis der Mechaniker/Helfer vom Straßendienst sie wieder in Gang setzt (befreit).

Variation: Die rennenden Kinder halten einen Holzreifen als Lenkrad vor sich, bzw. sie rennen im Holzreifen (oder der offenen Schachtel) als Auto durch den Raum.

Musikstop

Die Kinder bewegen sich und tanzen nach Musik. Sobald die Musik unterbrochen wird, verharren sie mitten in ihrer Bewegung oder in einer bestimmten Körperhaltung, solange, bis wieder Musik zu hören ist. Genauso bewegen sich die Kinder nach den verschiedenen Tambourinrhythmen langsamer oder schneller, sachte oder plump. Auf bestimmte rhythmische Signale hin setzen sich die Kinder auf den Boden, oder legen sich auf den Bauch oder den Rücken, oder sie stellen sich auf eins der herumliegenden verschiedenfarbigen Sandsäckchen.

Tierdressur

Auf bestimmte Signale hin schleichen die als Tiere verwandelten Kinder leise, rennen wild durcheinander, halten an oder legen sich hin. Das Spiel kann auch in eine Tierbewegungsgeschichte eingekleidet werden, in der die Tiere verschiedene Bewegungen ausführen. Die Kinder können auch durch einen Zauberer für jede Bewegung in das dafür geeignete Tier verwandelt werden (Kriechen = Schlange)

Wer hört das Signal?

Auf ein bestimmtes Signal (Zeichen, Bewegung) hin unterbrechen die Kinder das Herumtoben (-rennen) und:

– erstarren sofort mitten in ihrer Bewegung (Roboter mit Strom-

ausfall bzw. Aufziehpuppen mit abgelaufenem Radwerk, bzw. Verwandlung in Steinfiguren oder Denkmalstatuen)
- erschlaffen sofort mitten in ihrer Bewegung und fallen schlaff zu Boden (fallende Marionetten)
- stürzen möglichst schnell zu Boden und bleiben ruhig liegen (Ohnmachtsanfall, Gewitter)
- machen sich möglichst klein, schrumpfen zusammen, bis sie nicht mehr sichtbar sind, sich versteckt haben oder in einem kleinen Karton/Holzreifen Platz finden, ohne daß irgendein Teil des Körpers noch herausschaut. Das Schrumpfen kann auch langsam gespielt werden.
- fallen zu Boden und werden im Liegen immer größer und breiter, bzw. wachsen im Aufstehen (der Luftballon wird aufgeblasen)
- finden wieder ihr eigenes vorbereitetes (bzw. irgendein) Nest oder Bett und legen sich hinein.

Wer hat die Macht?

Die Kinder gehen oder laufen im Raum herum. Sobald ein Kind stehenbleibt, müssen alle Kinder sofort stehenbleiben. Sobald dann ein Kind weitergeht, müssen alle Kinder weitergehen.

Variation: Alle Kinder imitieren die Körperhaltung des stehengebliebenen Kindes und auch die neue Fortbewegungsart des sich weiterbewegenden Kindes.

Planetenspiel

Die Kinder bewegen sich im Raum. Sobald eine Zahl gerufen wird (bzw. mit den Fingern gezeigt wird), finden sich die Kinder (Sterne) genau in dieser Anzahl in Kleingruppen (Sonnensystem) zusammen und warten, bis ein Erwachsener oder ein Kind sie von der „Bindung" befreit, indem sie an ihren körperlichen Verbindungen berührt werden.

Variation: Die Kinder mit ähnlichen Schuhen (Handgrößen, Frisuren, Augenfarbe, Lieblingsessen, Hobby) bilden eine Kleingruppe.

Die Reise nach Jerusalem

Die Kinder rennen um einen Kreis (bzw. im Raum herum, bzw. um zwei parallele Reihen) von Stühlen (bzw. Teppichfliesen, Holzreifen, Schaumstoffquadern). Auf ein Signal hin (Musikstop, Trommelschlag, Handzeichen) versucht jedes Kind, einen Platz zu bekommen. Da ein Platz zu wenig ist, darf das Kind ohne Platz das nächste Signal geben.

Variation: Normalerweise scheidet das Kind ohne Platz aus und ein Platz wird aus dem Kreis entfernt.

Variation: Das anfänglich noch akustische und laute Signal kann immer leiser und unauffälliger gegeben werden, bis hin zu einer bestimmten Handbewegung (die erhobene Hand wird als Blaulicht gedreht).

Der Fuchs geht um

Die Kinder stehen im Kreis. Ein Kind (Fuchs) schleicht außen um den Kreis herum und läßt unmerklich ein Taschentuch hinter dem Rücken eines Kindes auf den Boden fallen. Der Fuchs rennt schnell einmal um den Kreis herum, um den Platz dieses Kinde einzunehmen, während dieses Kind versucht, den Fuchs dabei einzuholen und zuerst seinen Platz zu erreichen.

Bäumchen wechsel dich

Holzreifen (bzw. aufgestellte Teppichrollen, Teppichfliesen, Schachteln, Matratzen) als Bäume bilden mit einem jeweiligen Abstand von ca. 5 m zueinander einen Kreis. Der Fänger (Katze oder Raubvogel) in der Mitte des Kreises gibt das Signal „Bäumchen, wechsel dich". Die Kinder (Vögel) müssen daraufhin ihren bisher sicheren Baum verlassen und zum sicheren Nachbarbaum (bzw. irgendeinem Baum) rennen. In diesem Zeitraum können sie vom Fänger abgeschlagen und dadurch selber zum Fänger werden.

Mitternacht

Ein Kind oder mehrere Kinder werden mit einem Material (Schaumstoffbausteinen, Bällen, Matratzen, Autoschläuchen ...)zugedeckt und eingegraben. Es wird soviel Material auf sie geschichtet, wie das jeweilige Kind verkraftet. Die Kinder liegen als Tote solange in ihren Gräbern, bis es Mitternacht schlägt (Handtrommel ...) und sie als Gespenster mit lautem Geheul ausbrechen und herumtoben dürfen, bis es wieder 1 Uhr schlägt. Dann müssen sie entweder zurück in ihre Gräber und werden erneut zugedeckt, oder andere Kinder dürfen als Tote begraben werden.

Variation: Die Kinder spielen solange den Wechsel von Toten und Gespenstern um Mitternacht, bis sie von einem besonderen Kind mit einer speziellen Zeremonie erlöst werden. Sie können auch solange Gespenst bleiben, bis sie selber um Befreiung bitten.

2.1.1 Fangspiele

Die Grundidee ist der Fänger, der versucht, die davonlaufenden Kinder zu fangen bzw. abzuschlagen, das dann zum Fänger wird, bzw. auf seine Befreiung durch andere Kinder warten muß.

Variiert werden kann in der Anzahl der Fänger, in der Art des Abschlagens, in der Art des Wartens auf Befreiung, in der Art der Befreiung, in der Art des Wechsels zum Fänger und in der Strukturierung des Raumes.

Zauberer

Der Fänger (Zauberer) berührt mit seinem Zauberstab (Schaumstoff, Papierrolle) und verzaubert die Kinder zu erstarrten Steinen (bzw. zu am Boden Schlafenden, bzw. zu langsam kriechenden Zeitlupenschnecken).

Befreit werden kann das verzauberte Kind durch andere Kinder, die es am rechten Ohr berühren (bzw. durch zwei Kinder, die es gleichzeitig an den Ohren berühren müssen, bzw. indem der Retter durch die gegrätschten Beine hindurchkriechen muß, bzw. indem die langsame Schnecke das Verwandlungsfeld langsam erreicht).

Der Bär ist los

Die Kinder fahren auf ihren Rollbrettern. Der Fänger (ausgebrochene Dressurbär aus dem Zirkus) versucht auf seinem Rollbrett (Auto) die Autofahrer zu berühren. Diese müssen neben ihr umgedrehtes Rollbrett (Auto) liegen und auf Hilfe von anderen Kindern warten.

Denkmalbauer

Der Fänger (Denkmalbauer) fängt die Kinder, indem er sie mit einem Luftballon berührt, sie dadurch in formbaren Stein (bzw. Ton) verwandelt. Er stellt sie in bestimmte Positionen und Körperhaltungen auf. Die Statuen werden befreit, indem ihre Stellung von einem anderen Kind für 3 sec. gespiegelt wird.

Variation: Der Fänger stellt mehrere abgeschlagene Kinder zu einer Denkmalgruppe auf. Diese können nur durch die gleiche Anzahl von freien Kindern gespiegelt und somit befreit werden (bzw. einzeln durch ein spiegelndes Kind aus der Gruppe herausgelöst werden).

Krankentransport

Die abgeschlagenen Kinder (Verunglückte) liegen am Boden und warten, bis sie von zwei anderen Kindern (Sanitäter mit Blaulicht-Sirene) in ein Krankenhaus (Weichboden-, Turnmatte) getragen werden. Nach kurzer Zeit sind sie wieder gesund. Die Sanitäter dürfen während der gesamten Spieldauer nicht abgeschlagen werden.

Variation: Jedes Kind wird solange zum Sanitäter, wie es mit einem zweiten Kind den Verletzten ins Krankenhaus trägt, und ist auf diesem Weg nicht abschlagbar.

Doktorfangen

Das abgeschlagene Kind muß sich die Körperstelle festhalten, die der Fänger (Doktor) berührt (operiert) hat. Befreit wird das Kind davon, indem ein anderes Kind (Krankenschwester) ihn an dieser Stelle fünfmal gestreichelt (eingerieben, Pflaster befestigt) hat.

Jägerball

Der Fänger (Jäger) wirft mit einem Ball (bzw. Schaumstoffwürfel, rollt Riesenbälle oder Autoreifen), bis alle berührten Kinder auch zu Jägern geworden sind.

Variation: Es werden viele im Raum herumliegende Bälle verwendet.

Tintenfischfangen

Der Fänger (Haifisch) verwandelt die abgeschlagenen Kinder (Fische) in Tintenfische, die er nach Belieben und Strategie im Raum verteilt aufstellt. Die Tintenfische dürfen ihren Platz nicht verlassen, aber sie helfen mit ihren Fangarmen mit, andere Kinder (Fische) zu berühren (fangen).

Variation: Die Tintenfische bewegen sich mit geschlossenen Augen im Raum und helfen mit, andere Kinder (Fische) zu berühren (fangen).

Mäuseschwanzfangen

Der Fänger (Katze) sammelt die Seile (Mäuseschwänze), die die Kinder (Mäuse) sich mit einem Ende hinten in die Hose gesteckt haben und bringt sie an einen bestimmten Ort (Katzenkorb). Die schwanzlosen Mäuse warten solange, bis ihnen eine andere Maus ihren eigenen (bzw. irgendeinen) Schwanz wieder gebracht hat.

Variation: Die Katze steckt die erbeuteten Schwänze hinten in ihre Hose.

Rollbrettdieb

Genauso wie beim Mäuseschwanzfangen nimmt der Fänger dem abgeschlagenen Kind sein Rollbrett (Auto) und bringt es in seine Sammelgarage. Das Kind ohne Auto wartet, bis ihm ein anderes Kind ein Auto zurückbringt.

Variation: Der Fänger besitzt kein Rollbrett (Auto) und rennt, benutzt das erbeutete Rollbrett, während das abgeschlagene Kind zum Fänger wird, rennt rückwärts, hüpft seitlich etc.

Taschenlampendieb

Genauso wie beim Mäuseschwanzfangen und beim Rollbrettdieb nimmt der Fänger im Dunklen dem abgeschlagenen Kind seine Ta-

Stop and Go-Spiele

schenlampe und versteckt sie (evtl. mit angeschaltetem Licht). Das abgeschlagene Kind muß wieder warten, bis es von einem anderen Kind seine Taschenlampe zurückerhält (bzw. es sucht sich seine versteckte Taschenlampe selber).

Variation: Der Fänger benutzt die erbeutete Lampe, und das abgeschlagene Kind wird zum Fänger.

Wer hat Angst vor dem Monster?

Auf der einen Seite des Raumes steht das Monster. Auf der anderen Seite die Kinder. Sie wollen die andere Seite erreichen, während das Monster ihnen entgegenrennt und versucht, möglichst viele Kinder abzuschlagen. Diese werden darin auch zu Monster. Vor jedem neuen Laufintervall fragt das Monster: „Wer hat Angst vor dem Monster?". Alle freien Kinder antworten: „Niemand". Das Monster: „Und wenn es aber kommt?" – Die Kinder: „Dann laufen wir davon" und fangen an zu rennen, die gegenüberliegende Raumseite zu erreichen.

Hindernisfangen

Zusätzlich werden in dem Fangspiel Hindernisse aufgebaut (Schachteln, Türme, Teppichrohre als Bäume), die nicht berührt werden dürfen bzw. die nicht umfallen dürfen, ansonsten gilt das Kind auch gefangen und muß befreit werden.

Straßenfangen

In diesem Fangspiel darf nur auf vorgegebenen Linien oder aufgebauten Straßen (aus Schaumstoffquadern, Autoschläuchen, Dielenbrettern, Matratzen als Inseln) gelaufen werden. Wenn ein Kind den Boden (Wasser) berührt, gilt es auch als gefangen und muß im Wasser warten, bis es befreit wird. Der Fänger bewegt sich entweder auch nur auf den Straßen, oder er darf sich nur im Wasser aufhalten als Haifisch/Krokodil.

Zublinzeln

Die Kinder stehen im Kreis, paarweise hintereinander. Ein Hintermann mit leerem Platz vor sich versucht, sich einen Partner zuzublinzeln. Dieser versucht, seinen Platz zu verlassen und zu dem Blinzler zu wechseln, während dessen Hintermann, der zuerst die Hände auf dem Rücken haben muß, dies durch Festhalten zu verhindern sucht.

2.1.2 Trampolin

Auf dem großen Trampolin oder dem großen Luftkissen können viele Spiele zur Entspannung und Beruhigung durchgeführt werden. Die Großgeräte laden einerseits zum Herumtoben und Ausagieren ein, die Kinder sind gut motiviert, andererseits wird das Verhalten der Kinder schon durch die Begrenzungen des Trampolins und durch streng zu beachtende Sicherheitsregeln strukturiert. Außerdem fordert das Springen ein hohes Ausdauervermögen an Kreislauf und Muskulatur, so daß selbst hyperaktive Kinder nach kurzer Zeit eine erholende Pause benötigen.

Kobold

Ein Kind steht als Baum fest verwurzelt in der Mitte des Trampolin (mehrere Kinder stehen als Bäume auf dem Airtramp verteilt). Einige andere Kinder (2-3 Kinder auf dem Trampolin, ca. 10 Kinder auf dem Airtramp) springen als Kobolde um den Baum herum, ohne ihn jedoch zu berühren. Sie versuchen durch ihr Springen den Baum zum Umfallen zu bringen, während der Baum versucht, so lange wie möglich stehenzubleiben, vielleicht sogar stets Bodenkontakt zu halten.

Gewitter

Alle Kinder (Regentropfen) springen frei herum. Auf ein lautes Signal hin (Trommelschlag) als Donner bzw. durch Lichtsignale (blinkende Taschenlampen/Strahler) als Blitze lassen sich alle Kinder blitzschnell fallen und bleiben solange ruhig liegen, bis das Gewitter sich verzogen hat und sie wieder das Tröpfeln von Regentropfen (Handtrommel, Blechdose) hören. Dann dürfen sie wieder als Regentropfen frei umherspringen.

Unfall

Die Kinder (Autos) springen frei herum. Sobald sich zwei Kinder berühren (Unfall), müssen sie entweder solange liegenbleiben, bis ein anderes Kind sie wieder befreit (an bestimmter Körperstelle berührt und dadurch repariert) oder die Unfallwagen müssen in die Werkstatt auf den Rand des Trampolins kommen, und dort ruhig liegend 3 Körperteile, an denen sie nacheinander berührt werden, mit geschlossenen Augen erkennen, oder irgendeine andere Wahrnehmungsaufgabe lösen.

Räuberhöhle

Das Trampolin wird in vier Felder unterteilt (das Airtramp in entsprechend mehr). Drei Kinder (Räuber) springen von einer Höhle in eine andere Höhle. Einzige Bedingung ist, daß sie dabei die Begrenzungslinien nicht berühren und sich immer nur 1 Räuber in einer Höhle aufhalten darf. Sobald sich zwei Räuber für einen kurzen Moment gleichzeitig in einer Räuberhöhle befinden, werden beide ohnmächtig (vor Schreck) und müssen wiederum von einem anderen Räuber befreit werden.

Schneiderlein auf Seereise

Die Kinder sitzen mit gekreuzten Beinen als Schneider auf dem Trampolin. Sie tun so, als ob sie mit Nadel und Faden an einem Gewand nähen würden. Sie befinden sich auf einem Schiff und wollen nach Afrika fahren, um dieses Gewand dem König von Afrika zu verkaufen. Ein Erwachsener, der gleichzeitig diese Geschichte erzählt, wippt die Kinder auf dem Trampolin (erzeugt die Wellen): Das Meer ist noch ganz ruhig. Leichte Wellen bewegen das Schiff vorsichtig hin und her. Doch dann kommen graue Wolken. Es wird dunkler und die Wellen werden heftiger. Ein Sturm zieht auf, die Wellen werden noch heftiger. Die Schneider versuchen sitzenzubleiben und weiterzunähen. Der Sturm macht noch größere Wellen, ein Orkan schmeißt das Schiff hin- und her. Plötzlich ist er vorbei. Windstille. Ganz ruhig. Das Schiff bewegt sich kaum noch. Beinahe sind die kleinen Wellen nicht mehr zu spüren. Die Schneider atmen auf. Endlich können sie in Ruhe weiternähen. Doch plötzlich bewegt sich das Schiff wieder heftig. Eine Walfischfamilie rammt das Schiff. Fast kentert es. So wild wird es hin- und hergeschmissen. Endlich schwimmen die Wale davon und Ruhe kehrt auf Deck ein. Wieder atmen die Schneider auf. Nur noch leichte Wellen schlagen an das Boot und die Schneider freuen sich schon auf Afrika. Da schlägt plötzlich ein Blitz in den Hauptmast und der kracht auf Deck und bringt das Boot zum Schlingern und in Unruhe. Und als das Schiff und der Wellengang sich wieder beruhigt hat, beschließen die Schneider, sich hinzulegen und erst einmal auszuruhen. Sie träumen vom Sturm, den Walen und dem Blitz. Ausgeruht müssen sie jetzt im Stehen das Segel selber hochhalten, während das Meer mal ruhig und mal stürmischer sich bewegt.

Variation: Die Geschichte von den Käferchen auf einem Blatt, hoch oben am Baum. Das Blatt kann durch Tiere/Wind hin- und herbewegt werden, bis es endlich abreißt und schnell oder langsam zu Boden fällt.

Feuerball

2-3 Kinder springen auf dem Trampolin, während sich ein roter Ball (Feuerball) auf dem Trampolin dadurch bewegt. Sobald er ein Kind berührt, wird dieses gebrannt und die Kinder erhalten als Gruppe einen Minuspunkt. Schaffen sie es dagegen ohne Berührung, nur durch Springen den Ball vom Trampolin zu bringen, er-

Stop and Go-Spiele **27**

halten sie einen Pluspunkt. Ein Spiel ist bei 10 Punkten zu Ende.

Variation: zwei Bälle befinden sich auf dem Trampolin. Sobald sich die Bälle gegenseitig berühren, erhalten die Kinder einen Pluspunkt.

Bremsprobe

Die Kinder springen frei auf dem Trampolin. Auf ein Signal bremsen die Kinder sofort und bleiben regungslos stehen. Falls die Bremsen noch nicht so blitzschnell, funktionieren, werden sie an der Seite des Trampolins vom Erwachsenen (Mechaniker) nachgestellt.

2.2 Beruhigende Spiele

In den beruhigenden Spielen ist das Kind durch die Spielidee oder das angebotene Material motiviert, von alleine zur Ruhe zu kommen, eine Zeit der Ruhe auszuhalten, sich zu entspannen oder zu warten, um die Spielsituation zu meistern, das Spiel zu gewinnen oder um das Material benutzen zu können.

Langsame, gleichmäßige, eintönige Schaukelbewegungen ohne abrupte Beschleunigungen, Abbremsen oder Richtungswechsel beruhigen das Gleichgewichtsorgan (Vestibularsystem). So wird das Kind sich selber zur Ruhe und Entspannung stimulieren. Das Kind schaukelt aktiv im Sitzen oder Stehen, bzw. indem es sich im Liegen an einem Seil anzieht und losläßt. Es wird, genauso wie mit Schachteln, Tunnel und Höhlen, ein begrenzender enger Raum vorgegeben, der die Bewegungsexpansion strukturiert, beschränkt und kanalisiert, so daß das Kind dem Ruhemoment nicht mehr ausweichen, es sogar selbständig wählen und genießen kann.

Eine Höhle (Kuppelzelt, verdunkelter Tisch o.ä.) sollte in jedem Raum als Rückzugsmöglichkeit angeboten werden. So kann das Kind der Reizüberflutung ausweichen, sich in die Geborgenheit zurückziehen oder das Erlebte in Ruhe nachwirken lassen. Wenn Kinder beleidigt oder überfordert sind, helfen 5 Min. alleine in der Höhle manchmal mehr als aufmunternde Worte. Beliebt sind auch dunkle Räume, dunkle Gänge und jegliche Art von Taschenlampenspielen darin. Auch hier wird auf die Reizvielfalt verzichtet und das Kind kann sich auf den Lichtkegel seiner Taschenlampe konzentrieren und die Dunkelheit schafft den Spannungsmoment. Ähnlich bieten die Versteckspiele außer der erwartenden Spannung eine Zeit ohne Stimulationen, Anweisungen, Bewegungen sowie mit reduzierter Wahrnehmungsvielfalt.

Wenn das Kind schon ruhiger und konzentrierter sein kann, lassen sich Anschleich- und Selbstbeherrschungsspiele durchführen. Je einfacher die Spielregeln strukturiert und überschaubar dargestellt sind, je spannender und einfühlsamer die Geschichte das Spiel begleitet, um so motivierter werden die Kinder die Ruhe im Spiel aufrechterhalten können und dadurch ihre Konzentrationsfähigkeit verbessern.

Beruhigende Spiele

Schaukeln

Die Kinder werden sanft und gleichmäßig geschaukelt, bzw. schaukeln sich selber im Liegen, indem sie an einem Seil ziehen:
- auf einer 1,20 x 1,50 m großen Brettschaukel, an 2 Punkten aufgehängt
- auf einer Riesenschaukel (Weichbodenmatte und Sprossenwand an den 4 Ringen aufgehängt)
- auf einer an den Seilen aufgehängten Turnmatte mit 4 Schlaufen
- in einer Hängematte
- in einem Schaukelstuhl.

Die Kinder liegen gerne in großen Schachtel, aufgeblasenen LKW-Schläuchen oder Kastendeckeln, die sich auf den Schaukeln befestigt befinden.
Ähnlich können die Kinder, auf dem Trampolin liegend, ruhig und gleichmäßig von einem Erwachsenen geschaukelt und gewippt werden.

Lastwagen

Das Kind wird in einer Kiste/großen Schachtel sitzend, auf dem Rollbrett langsam durch den Raum gezogen. Eine Langbank oder ein Kastenoberteil auf zwei Rollbrettern bildet einen Bus für mehrere Kinder.

Tunnel

Die Kinder kriechen langsam und vorsichtig durch lichte oder dunkle Tunnel:
- zwei sich gegenüberstehende Schachtelreihen werden mit Pappe, Schachteln oder Matten abgedeckt. Die Reihen können auch aus dreiteiligen Sprungfedermatratzen gebildet werden.
- Papp- und Plastikfässern wird der Boden entfernt und sie werden aneinandergebunden zu einer langen Röhre.
- Mehrere Bettbezüge oder verschiedene Decken und Stoffe werden aneinandergenäht zu einem Stofftunnel. Aus dehnbarem Stoff kann man sie auch als Möbelbezüge meterweise kaufen.

- Automäntel bzw. aufgeblasene Autoschläuche werden aneinandergereiht zusammengebunden.
- zwei Langbankreihen werden mit Turnmatten bedeckt.

Aus den Tunnels lassen sich auch sich verzweigende und verwirre Labyrinthe bilden.

Höhlen

Ähnlich wie die Tunnels können auch Höhlen gebaut werden. Verwendet werden auch umgekippte Handballtore, die mit Decken oder Matten bedeckt und abgedichtet wurden, genauso wie zusammengestellte Tische oder Vierecke aus Kästen, mit einer Weichbodenmatte bedeckt.

Versteckspiele

Die Kinder verstecken sich in einem bestimmten Gebiet, in einem Raum, der mit Material vorstrukturiert ist (Labyrinth, Höhlenlandschaft, Kletterdschungel, Autoschläuche, Matratzen, Bälle, verschiedene aufgebaute Zelte, gefüllt mit geknülltem Zeitungspapier, unkartierter Rohwolle, Schaumstoff, Fellen und Decken, Wasserbällen, Schaumstoffbausteinen, Schachteln ...).
Sie verhalten sich ruhig in ihrem Versteck, bis sie der Sucher gefunden hat. Dann warten sie am Versammlungsort, bis alle Kinder gefunden wurden.

Variation: Die gefundenen Kinder helfen mit suchen.

Variation: Das erste gefundene Kind wird zum Sucher, während der bisherige Sucher sich verstecken darf.

Variation: Die versteckten Kinder dürfen auch unbemerkt das Versteck wechseln.

Variation: Die versteckten Kinder dürfen sich auch anschleichen, um sich am Abschlagmal selber abzuschlagen, ehe sie vom Sucher dort abgeschlagen werden mit Namen und Aufenthaltsort.

Variation: Im Dunkeln (Halbdunkel) sind die Kinder versteckt. Sie dürfen aber leise herumschleichen, um ihr Versteck zu wechseln. Der Sucher muß entweder alle gefunden und berührt, gefunden und durch Abtasten erkannt haben, oder das erst gefundene Kind wird zum neuen Fänger.

Variation: Das blinde Kuhspiel: Einem oder mehreren Kindern (Kühe) werden die Augen verbunden. Sie tasten sich im Raum herum und versuchen den Geräuschen zu folgen und wie die anderen Kinder „gutes Heu" zu finden und durch Berührung zu fangen (essen). Entweder werden die Gefangenen zusätzlich zu Kühen oder sie lösen die bisherigen Kühe ab.

Schätze stehlen

Ein Kind steht in einem Kreis von Gegenständen (Tennisbälle, Keulen kleinen Blechdosen ...) mit verbundenen Augen (blinder Wärter) und soll die Schätze bewachen. Die anderen Kinder in einem Mindestabstand von 3-5 m Entfernung versuchen sich einzeln anzuschleichen und einen Gegenstand zu stehlen. Sobald der Wärter ein Geräusch hört, zeigt er in die entsprechende Richtung und der Dieb muß wieder zurück.

Variation: An die Kleidung der Diebe sind kleine Glöckchen mit Sicherheitsnadeln befestigt.

Variation: Das Anschleichen wird durch Geräusch-Hindernisse auf dem Weg zum Schatz erschwert, genauso wie durch Balancier- oder Kletter-Hindernisse, oder auch gespannte Wollfäden.

Variation: Dem Wärter sind Wäscheklammern an die Kleidung geheftet, die die Diebe unbemerkt zu stehlen versuchen.

Variation: Im dunklen Raum bewacht der Wärter seinen Schatz und darf die Diebe durch Berühren in die Flucht schlagen oder ausschalten.

Variation: Der Wärter steht mit dem Rücken zu den Dieben, die in einer Reihe aus 10 m Entfernung sich anschleichen. Sobald der Wärter etwas hört, dreht er sich um. Das Kind, das jetzt noch eine Bewegung macht und vom Wärter gesehen wird, muß zurück zur Startlinie. Auch hier können Glöckchen, Hindernisse und quergespannte Wollfäden das Anschleichen erschweren.

Variation: Der Wächter liegt auf einer Reihe von Tischen. Die Diebe krabbeln oder fahren mit dem Rollbrett unten durch zum Schatz.

Beruhigende Spiele

Auto

Die Kinder liegen auf dem Boden. Der Erwachsene oder ein Kind (Mechaniker) gehen von Kind zu Kind (Autos) und blasen an verschiedene Körperteile mit einer Fahrradpumpe (Reifen aufpumpen). Dann krabbelt das Kind langsam zur Tankstelle, zeigt auf seinen Tankdeckel, und der Tankwart füllt Benzin in den Tank (Seile, Schleuderhörner, Holzstab, Gartenschlauch in die Kleidungsöffnung stecken). Das Auto darf herumfahren auf schnellen Autobahnen (gerade Linien in der Turnhalle) oder auf langsamen Kurvenlandstraßen (aufgeklebt oder frei). Es darf in seine Garage fahren (Höhle, Decke) und sich ausruhen, es darf in die Autowaschanlage kommen und wird dort mit verschiedenartigster Berührung gewaschen. Manchmal kommt auch ein Polizist und zieht den Führerschein oder den Autoschlüssel ein, so daß das Auto liegenbleiben muß.
Nach Unfällen und Zusammenstößen (Berührung mit anderen Kindern) müssen die Autos in die Werkstätte, oder warten, bis der Mechaniker kommt und sie repariert.

Der Bauch balanciert

Das Kind liegt auf dem Rücken. Ein Gegenstand wird ihm auf den Bauch gelegt, der nicht mit den Händen festgehalten werden darf aber auch nicht herunterfallen darf (die Verzierung auf der Torte).

Variation: auch auf dem Rücken kann balanciert werden.

Variation: wer kann möglichst viele Gegenstände, Bälle auf seinem liegenden Körper ohne Arme und Beine halten?

Im Dschungel

Ein Kind wird mit Material bedeckt (Schaumstoffbausteine, Kugelbad, Bälle). Es liegt so ruhig im Dschungel versteckt, daß die wilden Tiere von außen keine Bewegung sehen und kein Geräusch hören können.

Variation: Das eingegrabene Kind versucht, leise aus dem Dschungel zu entfliehen (zur rettenden anderen Seite des Raumes). Die wilden Tiere dürfen keine Bewegung von außen bemerken.

Transportunternehmen

Die Kinder versuchen, möglichst viel Material tragen und transportieren zu können, ohne daß etwas herunterfällt (Luftballons, Bälle, Bausteine, Keulen, Stäbe ...) und den Boden berührt.

Variation: Es darf auch ein Rollbrett verwendet werden, z.b. um Schaumstoffbausteine zu transportieren. Es darf ein Reifen verwendet werden, z.b. um Bälle zu transportieren.

Variation: Das Material wird zwischen die Beine, die Achsel oder zwei oder mehreren Kindern eingeklemmt transportiert.

Klebriger Luftballon

Das Kind versucht, einen Luftballon ohne Hände durch den Raum zu bewegen. Dabei sollte immer der Körperkontakt aufrechtgehalten werden. Dies kann auch mit einem Einzelfinger probiert werden.

Variation: Dieses Spiel ist auch mit einem Zeitungsblatt möglich.

Variation: Ähnlich ist das Laufen mit einem kleinen Ball auf einem Eßlöffel bzw. wenn das Kind mit einem Stock einen Ball vorwärtsschiebt ohne Kontaktverlust.

Das ernste Denkmal

Die Kinder stehen als Statuen regungslos im Raum. Andere Kinder oder der Erwachsene versuchen die Denkmäler zum Lachen oder zum Bewegen zu bringen, ohne die Statuen berühren zu dürfen (pinkelnde Hunde, Trunkenbolde, Liebespaare, Witzeerzähler ...). Durch laute plötzliche Geräusche oder Bewegungen können Schreckreaktionen und -bewegungen provoziert werden. Eventuell dürfen die provozierenden Kinder (Kobolde) auch mit Federn kitzeln, mit Luftpumpen anblasen oder mit Jahrmarktsplastikinstrumenten und -spielzeug erschrecken. Es können auch Fragen an die Statuen gestellt werden, Befehle gegeben oder über sie Geschichten erzählt werden, damit sie zu reden anfangen.

Variation: alle Kinder sind Statuen und nur 1 Kobold versucht, die Statuen zum Bewegen oder Sprechen zu provozieren. Die Statue, die sich bewegt hat, hilft nun mit beim Provozieren.

Beruhigende Spiele **35**

Die scheintote Maus

Ein Kind (Maus) liegt in der Mitte des Raumes und stellt sich tot, weil von allen Seiten die anderen Kinder (Katzen) angeschlichen kommen, die Maus entdecken und ausprobieren, ob die Maus noch lebt. Sie können nämlich nur lebende Mäuse verspeisen. Sie haben 1-5 Min. Zeit, an der scheintoten Maus zu schnuppern, zu miauen, sie vorsichtig zu bewegen, ob sie auch schlaff und leblos ist, sie ansprechen, witzeln, leicht kitzeln ... Falls die Maus die ganze Zeit durchhält und sich nicht rührt, ziehen sich die Katzen wieder zurück , die Maus ist gerettet und ein anderes Kind darf die Maus spielen. Bewegt sich allerdings die Maus vorzeitig oder liegt nicht schlaff auf dem Boden, wird sie im Spiel von den Katzen verspeist.

2.3 Körpererfahrungs-Spiele

Unter diesem Thema sind spielerische Übungen zusammengefaßt, die dem Kind helfen, seinen Körper zu erspüren.
Die innere Beobachtung schult nicht nur die konzentrierte Wahrnehmung seines Körpers, sondern „löst" nebenbei Verspannungen und hat dadurch eine entspannende Wirkung auf das Kind.
Das Bewegen einzelner Körperteile lenkt die Wahrnehmung und das Bewußtsein auf die entsprechende Körperpartie. Schritt für Schritt wird dadurch der Körper erfahren, durch die Bewegung gelöst und hinterher reaktiv entspannt.
Manchmal ist es von Vorteil, wenn die Einleitung einer begleitenden Geschichte von den Kindern mitgespielt wird. Sie fühlen sich dadurch besser in die Handlung ein. Nach dem Bewegen der einzelnen Körperteile sollte immer eine Ruhepause zum Nachspüren eingelegt werden.
Außerdem lernen die Kinder dadurch den Wechsel zwischen Aktivität und Ruhe kennen. Während ein ungeübtes Kind die einzelnen Körperteile nur grob in Arme, Beine, Bauch und Kopf unterteilt bewegen und erspüren kann, wird nach mehrmaliger Wiederholung dieser Übung eine verfeinerte und genauere Unterteilung möglich sein. Das Ziel sollte das Bewegen Erspüren und Entspannen im Gesamtkörperbereich sein. Einzelne Körperteile sollen rasch lokalisiert werden können. Bei dem größten Teil dieser Übungen liegt das Kind auf einer Decke oder einer Turnmatte. Durch andere Übungen lernt das Kind, seine Muskulatur bzw. den Muskeltonus zu beherrschen. Es lernt willkürlich anzuspannen und zu entspannen. Dabei ist zu beobachten, daß der Grundsatz „maximale Anspannung schafft maximale Entspannung" (Siehe Progressive Muskelentspannung nach Jacobsen) auch hier gilt. Zappelige und hypotone Kinder erfahren bei den Anspann-Übungen ihren Körper gefestigt, strukturiert in Ruhe beherrscht und dadurch klar und deutlich. Jetzt ist die Basis gegeben, um Selbstbeherrschung und Konzentration zu erlernen.

Körpererfahrungs-Spiele

Reise der Spucke

Das Kind liegt mit dem Rücken ausgestreckt auf dem Boden. Wenn möglich sind seine Augen geschlossen. Das Kind sammelt in seinem Mund Spucke, schluckt sie, beobachtet und stellt sich den Weg vor, auf dem die Spucke durch den Rachen, den Hals und Speiseröhre in die Bauchhöhle langsam gleitet, die Bauchhöhle erforscht und durch die Beckenhöhle in das rechte Bein hinabrutscht bis in den Fuß und die einzelnen Zehenspitzen. Die Spucke ist inzwischen angewärmt und strahlt diese Wärme auf dem Weg in Richtung Beckenhöhle wieder ab. Dann der Weg durch das linke Bein in die linke Fußspitze und mit Wärmeabstrahlung zurück in die Beckenhöhle, so daß beide Beine, aufgewärmt wurden.
Vorsichtig tastet die schmiegsame Spucke sich die Wirbelsäule und deren Berge und Täler entlang bis zur Schulter. Von dort geht die Reise in den rechten Arm bis hin zu den einzelnen Fingerspitzen, und Wärme abstrahlend zurück zur Schulter und von dort in den linken Arm. Nachdem nun beide Arme auch angewärmt wurden, gleitet die Spucke entweder durch den Hals, die Speiseröhre wieder in die Mundhöhle und wird „ausgespuckt" (Aufwacheffekt) oder bei geübteren Kindern zuerst durch den Kopfbereich und verläßt erst anschließend über die Mundhöhle den Körper.
Wird die Reise zum erstenmal unternommen, genügt es, nur den Weg bis in die Bauchhöhle, das Nächstemal bis in die Beine zu gehen usw. In dieser Weise wird jede Übungsstunde das Alte und Gewohnte wiederholt und dadurch gefestigt, und darauf aufbauend ein kleines Stück neuen Weges weitergegangen.

Reise der Eisenbahn

Ähnlich wie in der Reise der Spucke fährt die Eisenbahn den Körper entlang, anfangs auf der Körperoberfläche, später durch das Innere des Körpers (den Tunnels, Berg und Tal der Wirbelsäule, in verschiedene Hallen = Becken-, Bauch-, Brusthöhle). Die Einfahrt der Eisenbahn ist entweder die rechte Hand oder der rechte Fuß. Es gibt auch verschiedene Haltestellen (z.B. die großen Gelenke wie Knie-, Hüft-, Schulter-, Ellbogen-, Handgelenk und Halswirbelsäule).

Die Fliegen

Die Kinder schütteln nacheinander einzelne Körperteile, angefangen mit der rechten Hand, dann dem gesamten rechten Arm aus der Schulter heraus, dann die linke Hand, den gesamten linken Arm aus der linken Schulter heraus, dann das rechte Bein aus dem Hüftgelenk heraus, dann das linke Bein, schließlich den Kopf, eventuell noch den Po oder den Bauch. Auf den betroffenen Körperteilen sitzen immer wieder Fliegen, die man nur wegschütteln kann, um sie zu vertreiben. Am Ende der Übung ist der gesamte Körper mit Fliegen bedeckt. Deshalb schütteln die Kinder ihren gesamten Körper wild für ca. 1 Min. um alle Fliegen endgültig zu vertreiben. Diese Übung kann im Stehen oder im Liegen auf dem Boden durchgeführt werden. Kleine Ruhepausen zwischen dem Schütteln der einzelnen Körperteile lenkt die Wahrnehmung in Ruhe auf eben diese Körperteile. Das Kind lernt nachzuspüren.

Die Flöhe

Die Kinder jucken und „kratzen" sich vorsichtig an verschiedenen Körperstellen, unterbrochen von kleinen Ruhepausen:
„Ihr liegt da auf eurer Decke. Fast wie wenn ihr einschlafen wollt. Wenn da nicht so ein komisches Gefühl, so ein Unbehagen da wäre. Irgend etwas stimmt doch nicht! Jetzt spüre ich etwas. Nur ganz schwach. Wo spüre ich denn etwas; so schwach? Wenn ich genau aufpasse, dann ist es doch da an der rechten Hand. Jetzt deutlicher. Es fängt an zu jucken. Als ob mich da an meiner rechten Hand Flöhe stechen würden. Und vorsichtig fang ich an meiner rechten Hand zu kratzen und zu reiben. So, noch ein bißchen am Handrücken, und dann an der Innenseite. Jetzt auch noch an den einzelnen Fingern. Gott sei Dank, das wäre geschafft, es juckt nicht mehr. Endlich kann ich mich wieder ruhig hinlegen und einschlafen. Gerade mache ich meine ersten tieferen Atemzüge ... Was ist denn das? Jetzt spüre ich das Jucken am gesamten rechten Arm entlang. Diese blöden Flöhe. Ich halt's nicht mehr aus, ich muß wieder kratzen. Den gesamten Arm ... Noch mal hinspüren? Ist auch alles Jucken am rechten Arm weg? Ja, jetzt spüre ich nichts mehr. Endlich kann ich mich wieder ruhig hinlegen und einschlafen. Gerade mache ich meine ersten tieferen Atemzüge ... Was ist denn das? Jetzt spüre ich das Jucken ...".

Sonnenbad

Das Spiel Sonnenbad besitzt einen ähnlichen Ablauf wie „die Flöhe". Auch hier werden einzelne Körperteile hintereinander bewußt gemacht, Aktivität und Ruhe-Nachspür-Phasen wechseln sich ab.

„Wir liegen nach der langen Autofahrt endlich am Strand. Wir haben unsere Badesachen schon angezogen, waren sogar schon schwimmen und Wellenhupfen. Endlich Ruhe und die Sonne scheint so warm auf unseren Körper. Schläfrig mache ich meine Augen zu und döse so vor mich hin. Plötzlich merke ich, daß besonders meine rechte Hand (Arm, Bein, Fuß, Bauch, Brust, Gesicht) sich so warm anfühlt. Ich glaube, die muß ich doch mal eincremen mit meiner neuen Sonnencreme. So, auch keinen Finger vergessen. Beruhigt kann ich wieder weiterdösen. Plötzlich merke ich, daß besonders ..."

Altersheim

Das Spiel Altersheim besitzt einen ähnlichen Ablauf wie „die Flöhe". Auch hier werden einzelne Körperteile hintereinander bewußt gemacht, der gesamte Körper durchforscht, Aktivität und Ruhe-Nachspür-Phasen wechseln sich ab:
„Stellt euch vor, ihr wißt gar nicht warum; aber so einfach werdet ihr älter und älter. Als Kinder konntet ihr noch spielen und herumtoben. Jetzt als Teenager tanzt ihr in der Disco bis euch heiß geworden ist, jetzt als Erwachsene geht ihr joggen und hebt schwere Steine auf eurer Hausbaustelle. Und jetzt als Oma und Opa könnt ihr nur noch langsam und gebückt herumlaufen. Müde setzt ihr euch auf den Boden und wollt nur ein bißchen ausruhen. Gerade als ich meine Augen schließen will, bemerke ich die vielen Falten auf meiner rechten Hand, so viele Runzeln und Falten, die muß ich doch mal zählen. Und ich nehme immer eine Falte von meiner rechten Hand vorsichtig zwischen zwei Finger und ziehe etwas daran, nur soweit, bis es noch nicht wehtut, nur etwas ziept. Dann die nächste, u.s.w. bis ich alle Falten meiner rechten Hand hochgezogen und gezählt habe. Zufrieden lasse ich beide Hände sinken, ich schließe wieder meine Augen und will eindösen. Da kommt mir der Gedanke: Ob an der linken Hand vielleicht auch so viele Falten sind? Die will ich auch noch zählen ..."

Rücksprache

Jeweils zwei Kinder sitzen auf dem Boden Rücken an Rücken. Sie haben einen oder zwei weiche kleine Softbälle dazwischen eingeklemmt. Vorsichtig bewegen sie sich (auf langsame Musik), ohne daß sie einen Ball fallenlassen. Dabei darf ein Kind führen, das andere Kind bewegt sich mit. Die Kinder wechseln sich in der Bewegungsführung wenn möglich nonverbal ab.

Variation: Genauso können die Kinder auch im Sitzen mit ihren Füßen oder ihren Händen sich bewegen, bzw. mittels ihrer Füße oder Hände Zwiesprache führen oder versuchen sich gegenseitig eine kleine Geschichte zu erzählen.

Neuromuskuläre Entspannung nach Jacobsen

Nach der Theorie, daß maximaler Anspannung über ca. 10 sec. auch maximale Entspannung folgt, werden nacheinander der rechte dann der linke Arm, dann beide Arme, dann das rechte, dann das linke Bein, dann beide Beine gleichzeitig angespannt, immer unterbrochen von erholenden Nachspür-Ruhe-Phasen. Schließlich wird das Gesäß, dann der Bauch, der Brustkorb und dann der Kopf angespannt und entspannt. Zum Abschluß wird der Gesamtkörper angespannt und entspannt. Als begleitende Geschichte werden entweder eingebildete Druckknöpfe an den verschiedenen Körperteilen verwendet, die vom Erwachsenen (Zauberer, Bauingenieur) gedrückt werden oder innerlich von den Kindern selber. Der Erwachsene über-

prüft die wechselnden Spannungszustände. Oder die Kinder sind zunächst schlaffe, weiche Lehmmasse oder weiches Metall, das erst durch Berührung mit der Feuerhand zu hartem Ton oder Stahl wird, ein Körperteil nach dem anderen. Und erst wenn der Körper gesamt berührt wurde, ist das ganze Kind verwandelt.

Mehlsack

Das schlaffe Kind (Mehlsack) wird von den anderen Kindern getragen, auf einer Decke durch den Raum gezogen oder auf dem Rücken von vier krabbelnden Kindern gelegt durch den Raum zur Bäckerei getragen. Auf der Decke liegend können auch Arme und Beine, Rumpf oder Kopf bewegt werden (das Mehl wird sanft geschüttelt).
In der Bäckerei wird nun das Kind (Mehl) von den anderen Kindern (Bäckern) geknetet und glatt gestrichen. Das Spiel kann mit der gemeinsamen Mahlzeit des fertigen Brotes, das kurze Zeit in einem Ofen lag (gebacken wurde) liebevoll beendet werden.

Doktorspiel

Das Kind (Patient) liegt schlaff (ohnmächtig) auf dem Boden und wird von einem anderen Kind (Doktor) untersucht. Der Doktor bewegt einzelne Körperteile (Hand, Unterarm, Arm, Fuß, Unterschenkel, Bein, Kopf ...) locker hin und her, indem er kurz hinter dem jeweiligen Gelenk festhält. Der Doktor kann auch bestreichen und einreiben, er kann den Brustkorb und einzelne Körperstellen beklopfen, er kann den Atem und dessen Bewegung beobachten oder mit dem Ohr lauschen und fühlen.

Windspiel

Ein Kind liegt auf dem Boden. Von ihm heben 1-3 andere Kinder nacheinander einzelne schlaffe und entspannte Arme und Beine (später auch gleichzeitig) in die Höhe und bewegen sie sachte (wie wenn sie von einem leichten Wind bewegt würden).

Variation: Wenn das Kind unter einem Barren (o.ä.) liegt, können die Arme und Beine mit Tüchern locker aufgehängt und von anderen Kindern (Wind) bewegt werden.

Variation: Das Kind liegt auf einer Decke. Seine Arme, Beine, Kopf und der Oberkörper werden damit sachte bewegt.

Schwerelos

Ein Kind liegt auf dem Boden, und wird von den anderen Kindern (6-8) an der Schulter, Brustkorb, Becken, Arme, Beine und Kopf berührt und dann leicht gedrückt. Der Druck wird vorsichtig gesteigert, nicht abrupt und ohne Unterbrechung. Wenn der maximal mögliche Druck an diesen unempfindlicheren Stellen erreicht ist, wird blitzschnell unter das Kind gegriffen und gleichzeitig langsam und behutsam das Kind (mitsamt der Decke) hochgehoben. Nach dem vorangegangenen Druck spürt das durch den Raum getragene oder leicht geschwungene Kind die Schwerelosigkeit. Zum Abschluß wird das Kind wieder vorsichtig zu Boden gelassen und noch einige Zeit sanft schwingend hin- und her bewegt bis es völlig zur Ruhe kommt.

Roboter

Das Kind liegt mit steif angelegten Armen und Beinen auf einer Matte und dreht sich steif (ohne sichtbare Arm- und Beinbewegung) seitlich rollend von der Matte herunter (der Roboter verläßt die Verpackungskiste). Es versucht auf diese Weise eine andere Matte zu erreichen (Roboterbelebungszentrum). Die Mechaniker kontrollieren, ob Bewegung im Körper sichtbar ist, weil er dann in seine Verpackungskiste zurückgebracht wird für einen erneuten Versuch.

Variation: Der Roboter wird von den Mechanikern steif aus der Kiste zum Belebungszentrum gedreht. Es ist geschafft, wenn der Roboter den ganzen Weg absolut steif und unbeweglich bleiben kann.

Baumstämme

Ein Kind (Baum) steht steif zwischen einigen Kindern (Holzfäller). Es versucht, das gesamte Spiel hindurch steif und unbeweglich zu sein. Die Holzfäller bewegen den Baum hin und her, um die Wurzeln zu lockern (die Füße des Kindes, bleiben konsequent auf der gleichen Stelle). Schließlich ziehen sie den Baum heraus, legen ihn behutsam auf den Boden, transportieren ihn zum Sägewerk (an Armen und Beinen tragen, auf dem Rücken krabbelnder Kinder, rollend auf einem Rollbrett, auf den Schultern und Rücken zweier gehender Kinder). Sie lehnen den Baum schräg an die Wand, bis sie den Sägebock (zwei Kinder kniend oder in Bankstellung) vorbereitet haben. Dann wird das Kind mit Rücken und Beinen zwischen die Sägebockstützen aufgelegt, spielerisch (leicht kitzelnd) zersägt und dann auf dem Förderband liegend vorwärts bewegt (ein Reihe auf dem Boden liegender Kinder rollen seitlich).

Maibaumaufstellen

Zwei Kinder heben, ziehen und schieben das dritte steif und unbewegliche Kind (Maibaum) vom Boden langsam hoch, wobei die Füße am Boden festgehalten werden. Dann legen sie es wieder vorsichtig auf den Boden zurück. Der Maibaum darf mit geschlossenen Augen erspüren, wann es die Senkrechte, bzw. die Waagrechte erreicht hat.

Variation: Ein am Boden liegendes Kind kann genauso erspüren, während sein Bein langsam hochgehoben wird, wann das Bein fast senkrecht, bzw. wieder kurz über dem Boden zurück ist.

Variation: Wenn das steife Kind auf einer Decke liegend hochgehoben wird, sich völlig in der Luft befindet und langsam (schwingend) in der Luft hin und her, auf und ab bewegt wird, darf es mit geschlossenen Augen heraus finden, wann es waagrecht liegt, wann der Kopf höher, bzw. tiefer als sein Körper ist, wie weit es vom Boden entfernt ist, wann es gleich den Boden berühren wird und mit welchem Körperteil zuerst.

Vertrauenskreis

Ein Kind steht steif und mit den Füßen immer auf dem gleichen Platz verwurzelt inmitten eines Kreises von ca. 6-8 Kindern. Es darf die Augen schließen und wird vorsichtig hin- und her bewegt, weitergereicht, zuerst indem die Hände aller Kinder stets mit ihm in Berührung bleiben. Erst wenn das Kind in der Mitte mehr Vertrauen zu den anderen Kindern im Kreis entwickelt hat, können die Hände sich immer mehr entfernen, so daß das Kind eine immer längere Zeitspanne alleingelassen von Einem zum Anderen fällt, bevor es behutsam an Schulter oder Rücken wieder aufgefangen wird. Dabei ist eine ruhige vertrauensvolle Atmosphäre notwendig.

Zauberwald

Erstarrte, steif und unbeweglich stehende Kinder (verzauberte, Statuen, Figuren) werden auf ein unscheinbares Zeichen hin (Lösungswort, Handbewegung, Kopfnicken ...) wieder lebendig, um den nichts ahnenden Wanderer kurz aber heftig zu „erschrecken", natürlich ohne ihn berühren zu dürfen. Wenn das wandernde Kind erschrickt und zusammenzuckt, hat der Zauberwald gewonnen, das Kind wird bei der nächsten Spielrunde auch erstarrte Statue. Wenn das Kind nicht erschrickt, wird es zum nächsten Signalgeber.

Wechselnde Gestalten

Auf ein Signal hin oder auf Zuruf werden die herumlaufenden Kinder zu steifen Robotern oder auf der Stelle sich steif und eckig bewegenden Maschinen, die dann durch Stromausfall wieder zum Stillstand oder zum Hinfallen kommen. Sie werden zu sich schlaff bewegendem Wackelpudding, der nach kurzer Zeit am Boden zerfließt. Sie werden zu Klassenkaspar, die erschöpft nach dem Herumtoben zu Boden sinken. Sie werden zu immer stärker hinkenden und behinderten Kindern, bis sie sich nicht mehr bewegen können. Sie werden zum fliegenden und springenden Luftballon, der schließlich zerplatzt. Sie werden zu schnellen Leistungssportlern mit geschwollener Brust, die als Intervalltraining Serien von Starts üben (Hinknien, Warten, Losrennen, Abbremsen, langsam Zurückschlendern). Genauso können verschiedene Gemütsbewegungen gespielt und unterbrochen oder zum Ende gebracht werden.

Variation: Die Körperteile der am Boden liegenden Kinder wechseln, auch einzeln zwischen Wackelpudding (schlaff) und Maschine (steif) oder auch gleichzeitig 1 Arm schlaff, 1 Arm steif. Entweder passiv überprüfbar oder auch in der eigenen Bewegung.

Tiergeschichte

Die Kinder spielen die Geschichte mit. Die Tiere schlafen alleine oder mit ihren Freunden aneinandergekuschelt. Gähnend wachen sie auf, recken und strecken sich, sie beginnen herumzukrabbeln, noch steif vor lauter Schlaf und Kälte. Körperteil für Körperteil wird von der aufgehenden Sonne aufgewärmt und weicher gemacht. Körperteil für Körperteil ist immer mehr eine geschmeidige Bewegung möglich (zuerst ein Arm, dann der zweite Arm, ein Bein, dann das zweite Bein, das Becken, der Bauch, und Brustkorb, die Wirbelsäule und der Kopf. Je höher die Sonne steht, um so schneller können die Tiere sich auch bewegen, sie fangen an zu rennen und zu springen. Sie jagen sich und stoßen sich auch leicht. Nachmittags bekommen sie einen knurrenden Magen. Um ihren Hunger zu stillen, beginnen sie auf Pirsch zu gehen, um Beute zu fangen. Immer vorsichtiger und langsamer schleichen sie durch den Wald (evtl. verschiedene Hindernisse, die nicht berührt werden dürfen aufbauen). Endlich gibt es Essen, bis der Bauch beinahe platzt. Die Tiere streichen sich ihren vollen Bauch, werden behäbig und schläfrig und suchen sich einen Platz zum Schlafen, alleine oder in der gemeinsamen großen Höhle. Die Sonne geht langsam unter und die letzten Sonnenstrahlen versuchen die Tiere zu kitzeln (der Erwachsene berührt an verschiedenen Körperstellen die Kinder). Jedoch die Tiere sind nicht mehr wachzubekommen, atmen tiefer und langsamer, bewegen sich nicht mehr und lassen sich auch nicht mehr zum Lachen bringen.

Aufblasen

Die Kinder liegen nur auf dem Boden. Sie sind entweder Autoreifen oder Luftballons, die von einem anderen Kind pantomimisch oder mit einer Fahrradpumpe aufgeblasen werden, d.h. pantomimisch wachsen, sich größer und breiter machen, bis sie vollends aufgepumpt entweder davon rennen, rollen oder davon fliegen oder -hüpfen, solange bis sie ein Nagel trifft und die Luft schnell oder langsam wieder entweicht und sie zu Boden sinken und kleiner werden. Der Nagel kann sie durch Berührung vom Erwachsenen oder eines anderen Kindes oder durch ein Signal treffen. Die Kinder liegen wieder auf dem Boden und warten ruhig, bis sie mittels Pumpe oder eines Signalwortes erneut zum Leben erweckt werden.

Igel

Die Kinder heften sich an ihre Kleidung (bzw. an bestimmte Körper- oder Kleidungsteile) Wäscheklammern (Igelstacheln).

Variation: Alle Kinder heften an die Kleidung eines Kindes alle Wäscheklammern (der König wird geschmückt).

Variation: Die Kinder (Untertanen) stehen im Kreis um den geschmückten König und schleichen sich einzeln an, um die Klammern vorsichtig zu stehlen.

2.4 Atemspiele

Die Atmung ist eine lebensnotwendige Grundlage. Sie stellt eine Verbindung zwischen uns und unserer Umwelt her. Die Atmung sollte automatisch funktionieren, ein stetes unwillkürliches Wechseln von Geben und Nehmen sein. Bei einem entspannten Menschen ist eine tiefe langsame leichte und selbstverständliche Atmung zu beobachten. Ein verkrampfter Körper blockiert die freie und gelöste Atmung. Andererseits kann mit einer richtigen und entspannten Atmung Verspannungen, Blockaden und innere Unruhe beeinflußt werden, so daß Verkrampfungen, Hemmungen, fixierte Rollen und Standpunkte losgelassen, ausgeatmet, weggegeben werden können. Es stellt sich Ruhe und Gelassenheit ein, die immer stärker den Alltag und Bewegung begleiten wird.

Die Atembeobachtung schafft Aufmerksamkeit für die Atemwege, -bewegung und eventuellen Blockierungen des Atemsystems. Oftmals verändert schon die aufmerksame Wahrnehmung, ohne Veränderungen bewußt herbeiführen zu wollen.
Die Dehnlagerungen ergründen neue oder vernachlässigte Atemräume. Sie dehnen und strecken verspannte Körperpartien, die anschließend sich mit Bewegung und Luft anfüllen können.
Eine vertiefte und verlängerte Ausatmung reinigt die Atemwege und hilft, Blockaden, angestaute Probleme und Verspannungen abzugeben. Danach tritt eine gelöste, leichte, tiefere und unwillkürliche Atmung ein.
Bewußte, verlängerte und vertiefte Atemzüge sollen nur zeitweise, kontrolliert und zu Übungszwecken eingesetzt werden. Für den Alltag ist immer eine automatische, unbewußte, unverkrampfte Atmung anzustreben. Wegen der Gefahr einer Hyperventilation sollte die Dauer solcher Blas- und Ausatemübungen zeitlich streng begrenzt werden.
Die Einatmung soll nicht forciert geübt werden. Sie passiert von alleine.
Auch das Singen und Summen entspannt die Atemmuskulatur und vergrößert das Atemvolumen.
Nach den Atemübungen ist immer eine zumindest kurze Phase der Ruhe anzuschließen, um der reaktiven Entspannung Zeit zu geben. Verwiesen sei auf die große Anzahl von Atemschulung u.a. aus dem Yoga, der Eutonie, Atemtherapie nach Middendorf.

Schafe pusten

Die auf dem Tisch (bzw. dem Boden) verstreut liegende Watte (Schafe) wird durch eine Öffnung in eine Schachtel/abgegrenzten Raum (Stall) geblasen. Es können auch abgegrenzte Wege (z.B. aus Holz oder Lego) und weitere Räume und Türen benutzt werden.

Vogel pusten

Kleine Flaumfedern werden durch Blasen möglichst lange in der Luft gehalten (Flieg, Vogel, flieg).
Variation: Ein Kind (die Kleingruppe) versucht, gleichzeitig mehrere Federn in der Luft zu halten.
Variation: Die Federn werden in der Luft durch ein Ziel (aufgehängter Ring) geblasen.

Farbe pusten

Auf ein großes Blatt Papier wird ein Klecks flüssige Wasserfarbe gegeben. Ein Bild entsteht, indem mit einem Strohhalm (Röhrchen) die Flüssigkeit in alle Richtungen geblasen wird.
Variation: Es werden mehrere farbige Kleckse verwendet.

Murmel pusten

Die Murmeln werden durch Straßen und Kugelbahnen geblasen. Die Straßen werden aus dickem Klebeband geklebt, bzw. aus Hölzchen, Pappmache und Gips geformt. Die Kugelbahnen bestehen aus längs halbierten Plastikröhrchen oder Wasserschläuchen.

Herbstwind

Die im Raum verteilten Herbstblätter werden auf einen Haufen zusammengeblasen.

Luftballon

Die Luftballons werden aufgeblasen. Mit einer speziellen aufgesetzten Pfeife oder mit verzogener Öffnung erzeugen sie Töne.
Offen losgelassen, fliegen sie quirlig durch den Raum und können aufgefangen werden, ehe sie den Boden berühren.
Verschiedene Körperteile können mit dem aufgeblasenen und geöffneten Luftballon angeblasen werden.
Variation: Japanische Papierbälle werden aufgeblasen.

Papiertüten blasen

Die Papiertüten werden aufgeblasen und die Öffnung zugehalten. Es wird damit auf den Boden gehauen, so daß sie laut zerplatzt.

Seifenblasen

Die Seifenblasen werden in verschiedene Größen geblasen werden. Sie können durch einen Reifen geblasen werden, möglichst lange mit Blasen in der Luft gehalten oder wieder aufgefangen werden.

Blasinstrumente

Die Kinder blasen auf der Mundharmonika, der Flöte, auf Pfeifen und Trompeten vom Jahrmarkt, auf Kämmen, die mit Pergamentpapier überzogen wurden oder auf anderen Blasinstrumenten.

Atemspiele

Schläuche

Tischtennisbälle, Watte o.ä. kann mit Hilfe von langen und kurzen Stücken eines Wasserschlauches, mit Schleuderhörnern oder anderen dünnen Röhren vorwärtsgeblasen werden.

Schiffe

Kleine Nußschälchen oder Papierschiffchen werden in einer Wasserwanne oder im Schwimmbad vorwärtsgeblasen.
Es können auch Tischtennisbälle oder kleine Plastikbällchen auf einer bestimmten Bahn, in ein Ziel oder im Kreis zum Nachbarn geblasen werden. Dies ist auch als Mannschaftsspiel auf zwei Zieltore mit einem oder mehreren Bällchen möglich.

Landschaften

Aus aufgetragenem Rasierschaum oder aus feinem trockenen Sand können auf einer glatten Fläche (liegender Spiegel) Bilder und Landschaften mit Straßen, Hügeln, Tälern geblasen werden.

Weitblasen

Wie weit kann das Kind mit einem (bzw. drei) Atemzügen das Bällchen, die Watte o.ä. blasen?
Variation: Im Partnerspiel wird abwechselnd geblasen, mit dem Ziel, den Ball hinter des Gegners Linie zu blasen.

Doktor

Ein Kind (Doktor) legt dem auf dem Boden liegendem Kind für 2 Min. auf einer Stelle im Brustkorb- und Bauchbereich wechselnd eine Hand auf und beobachtet seine Hand, die durch die Atmung bewegt wird.

Bienenkorb

Die Kinder liegen auf dem Boden und summen wie die Bienen, möglichst laut oder lange.
Genauso können sie als Bären brummen, als Autos Motorgeräusche nachahmen (Lastwagen, schnelles Rennauto, altes Auto).
Zwischendurch schlafen die Tiere ein, bzw. stehen die Autos in der Garage ausgeschaltet.

Vokalorchester

Die Kinder liegen auf dem Boden als verschiedene oder gleiche Instrumente und singen Vokale (evtl. auch Konsonanten) und simulieren die Töne der Instrumente. Ein Dirigent gibt den Einsatz und die Pausen für einzelne oder alle Kinder, zeigt die Lautstärke an, das Abklingen oder Erhöhen.

Tiefseetaucher

Die Kinder bewegen sich im Raum mit Taucherbrille und Schnorchel, auch mit Gasmaske oder einem Stück Schlauch im Mund, die Nase mit einer Nasenklammer verschlossen. Sie können aber auch am Boden („Meeresgrund") liegen und der Geschichte über Tiefseefische zuhören. Motivierend dazu ist die Ausstattung mit Schwimmflossen.

Räuber

Die Kinder haben den Mund mit einem Schal verbunden (erschwerte Mundatmung fordert tiefere Atemzüge oder Nasenatmung) und schleichen durch den Raum, einen versteckten Schatz zu finden.

Schwerer Bauch

Die Kinder, auf dem Rücken am Boden liegend, beobachten die Bewegung des Sandsäckchens (unterschiedliche Schwere), des Gummireifens oder des Holzwürfels, der auf ihrem Bauch oder ihrer Brust liegt.

Berg

Die Kinder liegen auf dem Rücken am Boden und unterlagern ihr Steißbein oder ihre Brustwirbelsäule mit Schaumstoffbausteinen, deren Anzahl schrittweise erhöht werden kann.

Knie-Post

Die Kinder liegen auf dem Rücken nebeneinander in einer Reihe. Die Knie sind angestellt und nach rechts seitlich abgelegt. Die Arme können (U-förmig) links und rechts des Kopfes liegen. Die Kinder drehen den Kopf nach links und warten, bis ihr rechter Nachbar das Signal weitergibt, indem er seine Knie nach links dreht und damit die Nachbar-Knie berührt (z.B. lang-kurz-kurz-lang). Der Kopf wird in die Gegenrichtung gedreht. Wenn das Signal bis zum lin-

Atemspiele

ken Ende der Reihe in dieser Weise weitergegeben wurde, wird vom letzten Kind ein neues Signal wieder nach rechts geschickt.
Variation: Es werden zwei Reihen gebildet. Welche der drei vorgegebenen Signale durchlaufen die Reihen ohne Fehler?

Buchstaben

Die Kinder legen sich in Form eines Buchstaben. Die Restgruppe errät den Buchstaben.
Variation: Eine Gruppe legt mit ihren Körpern ein Wort: Die anderen Kinder lesen das Wort.

Kugelsofa

Die Kinder halten einen großen Plastikball fest, auf dem ein Kind (der Faulenzer) auf dem Rücken, auf dem Bauch oder seitlich liegt. Er wird von den Kindern sanft hin- und hergeschaukelt.

Der Geier kommt

Die Kinder liegen auf dem Bauch, die Arme und Beine ausgestreckt. Bei dem Signal „der Geier kommt und will eure Arme und Beine picken" ziehen alle Kinder schnell ihre Arme und Beine unter den Körper. Bei dem Signal „der Geier ist davongeflogen" strecken sie sich wieder aus.

2.5 Konzentrationsspiele

Konzentrationsspiele 53

Konzentration ist eine vorrangige Voraussetzung, um am Spiel, am Unterricht oder einem Arbeitsprozeß erfolgreich teilnehmen zu können.
Erst durch Konzentration kann richtig wahrgenommen, erkannt und dann gespeichert werden, was wiederum für das Gedächtnis Voraussetzung ist.
In der Schule muß sich das Kind auf das gesprochene und das geschriebene Wort konzentrieren und andere Reize ausschalten, um am Unterricht teilnehmen zu können.
Kinder mit Konzentrationsstörungen können aber nicht (lange) zuhören, sind impulsiv und leicht ablenkbar und können sich schlecht über längere Zeit mit einer Aufgabe beschäftigen. Sie lassen sich leicht durch optische, akustische und taktile Reize ablenken.
Ursachen für Konzentrationsstörungen können Hyperaktivität, Haltungsschwächen, Gleichgewichtsprobleme, emotionale Beeinträchtigungen, Ablenkbarkeit und Streßsituationen sein.
Das leicht ablenkbare und impulsive Verhalten, aus dem die Konzentrationsprobleme folgen, läßt fehlende Selbststeuerung und -orientierung erkennen.
Damit sich Kinder konzentrieren können, benötigen sie eine reizarme Umgebung. Die Spielanweisungen sollten kurz und prägnant sein. Besonders wichtig ist es, daß die Kinder motiviert sind.
Je größer der Aufforderungscharakter eines Spiels oder sonstigen Angebots ist, desto länger kann sich das Kind konzentrieren.
Ziel der Konzentrationsspiele ist es, bei dem Kind durch Motivation anhaltende Aufmerksamkeit gegenüber einem Gegenstand, Geschehensablauf oder einer Tätigkeit zu erreichen.
Außerdem soll es lernen, eine Auswahl unter einem bestimmten Informationsangebot seiner Umwelt zu treffen und dabei für es wesentliche Informationen zu erkennen.

2.5.1 Konzentrationsspiele – Sehen

Wenn die Augen eines Kindes organisch gesehen in Ordnung sind, bedeutet das noch nicht, daß das Kind gut sehen kann. Sehen bedeutet auch erkennen.
Erkennen kann das Kind aber erst, wenn es einen Gegenstand längere Zeit anschaut, wenn es sich konzentriert.
Die Aufmerksamkeit der Augen wird auf einen Gegenstand gelenkt, wenn andere Reize ausgeschaltet werden und das Kind nicht abgelenkt wird z.B. in einem abgedunkelten und/oder ruhigen Raum.

Spiele mit Finger-/Handpuppen

Die Finger-/Handpuppen, kommen langsam aus einem Versteck. (Hinter dem Kasperhaus, unter dem Tuch, unter dem angewinkelten Arm hervor, so daß zunächst nur ein kleiner Ausschnitt, der dann immer größer wird, zu sehen ist). Das Kind kann dabei raten, wer jetzt kommt. Wenn die Puppe ganz zu sehen ist, spricht sie. Sie bewegt sich im Laufe des Spiels langsam hin und her, rauf und runter, auf das Kind zu, sowie weg vom Kind.

Später kommt eine zweite Puppe hinzu, die ebenso wie die erste erscheint. Die Puppen sprechen auf verschiedenen Seiten, springen an verschiedene Stellen und machen langsamere und schnellere Bewegungen.
Statt Puppen, die über die Hand oder die Finger gestülpt werden, können auch Figuren auf die Finger gemalt werden. Damit können die gleichen Spiele wie mit Hand-/Fingerpuppen durchgeführt werden, oder es können Fingerspiele gespielt werden.

Taschenlampenspaziergang

Bei dem Taschenlampenspaziergang wird der Raum abgedunkelt. Der Strahl der Taschenlampe macht dann einen langsamen Spaziergang über den Körper des Kindes. Er beginnt bei der Hand, geht dann über Arm und Schulter und spaziert von oben nach unten (erst nah, dann fern) über den Körper. An manchen Plätzen (z.B. Gelenken) ruht der Strahl sich aus.
Bei einem anderen Spaziergang ist der Strahl lustig. Vor Freude macht er lauter kleine Sprünge über den Körper.
Der Strahl entwickelt sich dabei zum Sportler und macht größere Sprünge. Dabei springt er lustig über den ganzen Körper. Nun wird der Strahl neugierig und erkundet den ganzen Raum, in dem er sich befindet. Er macht zunächst nur kleine Ausflüge, die er aber im Laufe der Zeit ausdehnt. Wenn er müde wird, ruht er sich aus. Zum Schluß springt er munter im ganzen Raum herum. Der Strahl kann sich allerdings nur bewegen, wenn ihn die Augen begleiten.

Grimassenkünstler

Wer kann so verrückte Grimassen schneiden, daß die anderen lachen?
Der Künstler übt seine Grimassenkünste zunächst vor dem Spiegel. Dann erfolgt sein Auftritt, bei dem er versucht, sein Publikum zum Lachen zu bringen.

Der verrückte Clown

Der Clown versucht durch Grimassieren und Einnehmen verrückter Positionen, die er zunächst vor dem Spiegel übt, sein Publikum zum Lachen zu bringen. (Siehe Grimassenkünstler)

Zungentanz

Die Zunge tanzt nach Musik.
Dabei wird sie
- weit herausgestreckt
- vor- und zurückbewegt
- seitlich hin- und herbewegt (außen und innen)
- rundum außen auf den Lippen bewegt
- rundum innen an den Lippen bewegt
- die rechte und die linke Backe werden mit der Zunge nach außen gedrückt

Das Spiel kann vor dem Spiegel gespielt und dabei die eigene Zunge beobachtet werden, oder die Kinder sitzen im Kreis, „tanzen" mit ihrer Zunge und beobachten dabei die anderen.

Variation: Die Zungenbewegungen werden nach Anweisung durchgeführt.

Variation: Die Zungenbewegungen eines anderen werden imitiert.

Bilder suchen

Ein Bild oder eine Bilderbuchseite, auf der verschiedene Szenen abgebildet sind, wird zunächst angeschaut.
Bei dem folgenden Spiel muß das Kind einen Gegenstand bzw. eine Szene finden. Dabei kann der Schwierigkeitsgrad wie folgt gesteigert werden:
- Ein Gegenstand wird bezeichnet und die entsprechende Farbe genannt
- Eine Szene wird beschrieben
- Gegenstand/Szene werden beschrieben und die Lage dazu genannt (rechts, links, oben, unten, oben rechts, unten links etc.)

Bei dem Spiel tauschen der Erwachsene und das Kind die Rollen.

Zublinzeln

Siehe Stop and go-Spiele Seite 14.

Ratespiel

Unter einem Tuch oder in den Händen befindet sich ein Gegenstand, von dem nur ein Ausschnitt zu sehen ist. Das Kind muß erraten, um welchen Gegenstand es sich handelt. Erkennt das Kind den Gegenstand nicht, wird der Ausschnitt vergrößert.

Finger schnappen

Hinter einem Tuch bewegt sich ein Finger. Das Kind beobachtet den Finger und versucht ihn zu schnappen.

Zirkuskünstler

Der Zirkuskünstler bleibt auf einem Platz stehen und schlägt einen Luftballon in die Luft. Die Kunst dabei ist, den Ball so lange wie möglich in der Luft zu halten. Es kann dabei gezählt werden.
Nach einiger Zeit befördert er den Luftballon zu einem Zielpunkt, ohne daß der Ballon den Boden berührt.

Schlafende Kinder

Die Kinder haben im Wald verstecken gespielt. Am Abend sind sie müde geworden und in ihrem Versteck eingeschlafen. Die Mutter macht sich Sorgen, weil es schon dunkel ist und geht mit der Taschenlampe in den Wald, um die Kinder zu suchen.
Da die Kinder schlafen, ist es leise im Wald und die Mutter muß genau auf den Taschenlampenstrahl schauen, damit sie ihre Kinder auch findet.
Wenn die Mutter ein Kind gefunden hat weckt sie es, indem sie es streichelt. Die wachen Kinder warten leise auf einem bestimmten Platz, bis alle Kinder gefunden sind.

Taubstummenkongreß

Die Taubstummen sitzen im Kreis. Ein Mitglied hält einen Vortrag. (Einen oder mehrere Sätze). Dabei werden nur die Lippen bewegt. Die Kongreßteilnehmer schreiben wörtlich auf, was gesagt wurde. Der Vortragende schaut nach, ob auch alles richtig verstanden wurde.
Variation: Nur der Vortragende ist stumm und bewegt die Lippen.
   Die Teilnehmer sagen laut, was sie von den Lippen abgelesen haben.

Künstler

Ein Künstler legt ein Muster aus Legos, Formen Farbtafeln etc. Ein anderer Künstler ist so begeistert von dem Bild, daß er genau das gleiche Muster legen möchte (Tapetenmuster, Stoffmuster etc.)

Variation: Das erste Muster wird abgedeckt, das zweite „auswendig" nachgelegt.

2.5.2 Konzentrationsspiele – Hören

Blindspiele sind als Konzentrationsspiele besonders günstig für die Kinder, die sich durch optische Reize leicht ablenken lassen, da dabei die Augen ausgeschaltet werden.
Bei Blindspielen gehen die Kinder behutsamer vor.
Blindspiele sowie Anschleichspiele sind besonders für hyperaktive Kinder geeignet, da sie dabei langsamer gehen und somit mehr wahrnehmen können. Die Blindspiele können folgendermaßen gesteigert werden:

– Das Kind macht die Augen selbst zu

– Blinzeln ist erlaubt

– Der Raum wird schrittweise abgedunkelt

– Das Kind zieht eine durchsichtige Tarnkappe aus Gardinenstoff o.ä. über den Kopf

– Die Augen werden mit einem Tuch verbunden

Die Konzentration bei Blindspielen ist besonders hoch, wenn das Kind auf Gehörtes (Geräusche, Signale) reagieren muß.

Dompteurspiel

Im Zirkus findet eine Vorführung mit Tigern statt. Die Tiere bewegen sich folgendermaßen nach Anweisung:

- Vorwärtsgehen
- Rückwärtsgehen
- Stampfen
- Auf allen Vieren gehen
- Sitzen
- Liegen in Bauchlage
- Liegen in Rückenlage etc.

Die Kommandos können auch mittels Geräuschen (Tamburin, Glöckchen etc.) gegeben werden. Dabei hat jedes Signal eine bestimmte Bedeutung s.o.
Es sollte jedoch zunächst mit wenig Signalen begonnen werden. Nachdem die Kinder mit den Signalen vertraut sind, kann die Anzahl erhöht werden.

Wo ist der Wecker

In einem Zimmer befindet sich ein tickender Wecker, der irgendwo versteckt ist. Das Kind muß das Geräusch lokalisieren und den Wecker finden.
Wichtig ist dabei, daß es in dem Raum sehr ruhig ist, damit das Kind nicht durch andere Geräusche abgelenkt wird.

Ostereiersuche

Der Hase (Erwachsene) hat Ostereier versteckt. Er hilft aber dem Kind bei der Suche, indem er es mit einem Instrument (Triangel, Trommel etc.) zu dem Versteck führt.
Bei leiser Musik ist das Kind noch weit von dem Versteck entfernt. Je lauter die Musik aber wird, desto näher befindet sich das Kind aber am Versteck.

Spinnenspiel

Ein Kind (Spinne) sitzt im Kreis (Spinnennetz) und lauert auf Beute. Da es dunkel ist (das Kind hat die Augen verbunden), kann die Spinne die Beute nicht sehen. Sie lauscht deshalb ganz genau, damit sie die Beute (Bierdeckel o.ä.), die fallengelassen wird, hören kann, um sie dann zu holen.

Geräusche erkennen

Die Kinder machen zunächst mit verschiedenen Materialien Geräusche. Dann werden einem Kind die Augen verbunden. Ein anderes Kind erzeugt Geräusche, die von dem blinden Kind erkannt und genannt werden müssen.
Variation: Das gleiche Spiel kann mit Orffinstrumenten gespielt werden.

Stille Post

Die Kinder sitzen im Kreis. Ein Wort oder ein (lustiger) Satz wird dem Kind rechts/links daneben weitergeflüstert. Bei Nichtverstehen darf nicht nachgefragt werden. Der letzte sagt, was er verstanden hat.

Klatschkonzert

Die Musiker geben ein Klatschkonzert.
Der Dirigent gibt einen Rhythmus vor, indem er in die Hände und / oder auf die Oberschenkel klatscht oder mit den Füßen stampft.
Die Musiker klatschen zunächst einzeln den Rhythmus nach und geben dann ein Konzert, indem sie den Rhythmus gemeinsam nachklatschen.

Bälleraten

Ein Kind hat die Augen geschlossen. Nun werden verschiedenartige Bälle hintereinander fallengelassen.
Das Kind muß erkennen, welche Bälle und in welcher Reihenfolge die Bälle fielen.
Es wird mit zwei Bällen begonnen und dann gesteigert.

Der Schatz der Drachen

Die Kinder (Drachen) sitzen im Kreis und bewachen einen Schatz. Es ist Abend und die Drachen sind vor Müdigkeit eingeschlafen (die Kinder haben die Augen geschlossen). Ein Kind, das sich außerhalb des Kreises befindet, möchte sich den Schatz der Drachen holen, um ihn sich genauer anzusehen. Das ist aber nur möglich, wenn es sich ganz leise heranschleicht, so daß die schlafenden Drachen es nicht hören. Wenn die Drachen das Kind hören, heben sie ihre Pfoten und versuchen das Kind zu erwischen. Das Kind geht dann wieder zurück und unternimmt einen neuen Versuch, wenn die Drachen schlafen. Das Kind kann so lange versuchen, den Schatz zu holen, bis es dies geschafft hat.

Variation: Es kann auch geregelt werden, wie oft das Kind einen Versuch starten darf.

Musikrätsel

Das Kind wird mit dem Klang von verschiedenen Instrumenten/ Gegenständen und deren Namen vertraut gemacht. Wenn es die Begriffe benennen kann, schließt es die Augen. Es werden nun mit mehreren Instrumenten nacheinander Geräusche erzeugt, die das Kind dem Instrument zuordnen muß.

Bei einem weiteren Durchgang werden die gleichen Geräusche wieder erzeugt, es kommt aber noch ein neues Geräusch, das erraten werden muß hinzu.

Variation: Eines oder mehrere Geräusche werden weggelassen.

Variation: Die Geräusche werden im zweiten Durchgang in einer anderen Reihenfolge wiedergegeben. Das Kind soll die ursprüngliche Reihenfolge wiedergeben.

Bei dem Spiel wird zunächst mit 3-4 Instrumenten, die dem Kind vertraut sein müssen begonnen und dann gesteigert.

Topfschlagen

Einem Kind werden die Augen verbunden. In der Hand hält es einen Kochlöffel. Irgendwo im Raum ist ein Schatz unter einem Topf, Schüssel oder ähnlichem versteckt, den das Kind finden möchte. Es versucht nun den Schatz zu finden, indem es mit dem Kochlöffel danach tastet. Der Schatzsucher erkennt an dem Geräusch, ob er auf den Boden, an die Wand oder auf den Topf, indem sich der Schatz befindet, geschlagen hat. Den Schatz darf es behalten.

Der Tiger geht um

Die Kinder verstecken sich im Raum vor dem Tiger. Sie sind mucksmäuschenstill, damit er sie nicht findet. Aber gibt es vielleicht andere Geräusche außerhalb oder innerhalb des Zimmers? Die Kinder lauschen gespannt.

Wenn der Tiger verschwunden ist, erzählen sie, was für Geräusche sie gehört haben (z.B. Stimmen vor der Tür, Flugzeug, Vogelgezwitscher, Atmen, Husten etc.).

Variation: Wer, oder welche Gruppe hat die meisten Geräusche erkannt.

Raben fangen

Der Raum ist abgedunkelt. Die Rabenmutter sucht ihre Kinder, die sich irgendwo im Raum bewegen. Sie kann sie aber nicht sehen, da es zu dunkel ist. Deshalb achtet sie ganz genau auf die Geräusche, die die Kinder machen und versucht, sie zu berühren. Die Kinder, die sie berührt hat, fallen sofort um und schlafen ein. Die Rabenmutter und die Kinder, die sich noch bewegen, müssen daher aufpassen, daß sie nicht über die Schlafenden stolpern. Wenn alle Kinder schlafen, legt sich auch die Rabenmutter hin und schläft. Man hört nun nur noch den Atem der Raben. Wenn es hell wird, wachen alle Raben wieder auf.

Variation: Die Rabenmutter weckt die Kinder, indem sie sie streichelt.

Tierstimmen

Jedes Kind erhält einen Zettel, auf dem sich der Name oder das Bild eines Tieres befindet, in das es sich verwandelt. Es ist allerdings zunächst ein Geheimnis, wer sich in welches Tier verwandelt. Die Tiere geben sich zu erkennen, indem sie für das Tier typische Laute von sich geben. Auf diese Weise finden sie ihre Artgenossen, mit denen sie sich zusammentun.

Variation: Dieses Spiel kann auch als Kennenlernspiel durchgeführt werden. Die gleichen Tiere treffen sich, stellen sich vor und erzählen über sich.

Variation: Durch dieses Spiel können Paare oder Gruppen gebildet werden, die für weitere Spiele erforderlich sind.

2.5.3 Konzentrationsspiele – Spüren

Beim Spüren nimmt das Kind Reize über die Haut wahr. Es erfährt Materialien in ihrer Form, Oberflächenbeschaffenheit, Gewicht etc. Um die Materialien differenziert wahrnehmen zu können, muß das Kind sich darauf konzentrieren.

Konzentrationsspiele 63

Dies ist am besten möglich, wenn optische und akustische Reize weitgehend ausgeschaltet sind und das Kind zunächst nur wenige Reize intensiv erfährt.
Kinder mit taktiler Abwehr können taktile Reize eher zulassen, wenn sie diese über ein Material erfahren, bzw. sie sich die Reize selbst setzen. Nach intensiver Materialerfahrung werden sie dann offener für Körperkontakt. (Siehe auch Massage- und Taktilspiele).

Auf den Rücken schreiben

Die Kinder schreiben sich gegenseitig mit dem Finger Buchstaben, Zahlen oder Formen auf den Rücken, die dann identifiziert werden müssen.
Bei Kindern, die Schwierigkeiten mit der Identifikation auf dem Rücken haben, können die Buchstaben auch zuerst auf den Handrücken geschrieben werden, da so noch eine Augenkontrolle möglich ist.

Telefonieren

Die Kinder stehen oder sitzen im Kreis und halten sich an den Händen, mit denen telefoniert wird. Das Telefonat wird in Form eines Händedrucks, der weitergegeben wird, geführt. Ein Kind, das in der Kreismitte steht, muß herausfinden, wo gerade telefoniert wird. Hat es richtig geraten, kommt das „ertappte" Kind in die Kreismitte.

Gepäckträger

Der Gepäckträger transportiert verschiedene Gepäckstücke zu den Leuten. Er trägt kleine, große, dicke, dünne, schwere und leichte Gegenstände. Da er ein besonders geschickter und lustiger Gepäckträger ist, befördert er die Dinge auf Kopf, Schulter, Fuß, Hand, Finger etc.
Manchmal trägt er sogar mehrere Gepäckstücke auf einmal.

Fliegenspiel

Eine Fliege (Finger) setzt sich lautlos irgendwo auf den Körper des Kindes, das die Augen geschlossen hat.
Das Kind spürt die Fliege und muß mit seinem Finger genau identifizieren, wo die Fliege gesessen hat.
Nachdem die Fliege an allen möglichen Körperteilen war, wird sie müde und fliegt weg.
Variation: Es werden nur einzelne Körperteile angeflogen.

2.5.4 Konzentrationsspiele – Denken

Um denken zu können, muß ein Kind verschiedenste Körpererfahrungen machen, diese verstehen und im Gedächtnis speichern, so daß sie abrufbar sind.
Je mehr Informationen ein Kind über einen Gegenstand hat, desto besser kann es sich diesen merken.

Was hat sich verändert

Auf dem Tisch/Boden befinden sich mehrere Gegenstände, die das Kind kennt.
Das Kind schließt die Augen. Inzwischen werden Gegenstände hinweggenommen bzw. hinzugefügt. Das Kind darf die Augen öffnen und muß nun erkennen, was sich verändert hat.

Konzentrationsspiele

Es wird zunächst mit 3-4 Gegenständen begonnen und dann gesteigert.

Kofferpacken

Die Kinder sitzen im Kreis. Ein Kind beginnt und sagt: „Ich mache eine Reise und ich packe in meinen Koffer eine Hose." Das nächste Kind packt eine Hose und einen Ball in den Koffer: Jeder, der an die Reihe kommt, zählt die genannten Gegenstände in der richtigen Reihenfolge auf und fügt einen neuen Begriff hinzu.
Das Spiel kann so lange gespielt werden, bis ein Kind einen Fehler macht, oder wer einen Fehler macht scheidet aus, bis nur noch ein Kind übrig ist.

Transportunternehmen

Zwei Kinder haben den Auftrag Gepäck (Bierdeckel o.ä.) zu transportieren. Da sie an den Händen verletzt sind, können sie diese nicht benutzen und werden von einem dritten Kind beladen. (Die Körper werden an verschiedenen Stellen wie Hüfte, Schulter, Kopf etc. mit Bierdeckeln verbunden. Es wird zunächst mit einem Bierdeckel begonnen).

Variation: Dasselbe Spiel kann auch mit einem Luftballon durchgeführt werden.

2.6 Massage- und Taktilspiele

Massage- und Taktilspiele haben auf Kinder eine beruhigende und entspannende Wirkung. Das Kind erhält dabei eine besondere Zuwendung, was es in der Regel als recht angenehm empfindet. Bei der Massage ist es wichtig, daß das Kind mit langsamen Bewegungen massiert wird. Der Raum sollte ruhig und evtl. leicht abgedunkelt sein. Leise Entspannungsmusik allerdings kann die beruhigende Wirkung unterstreichen.

Bei Kindern, die Körperkontakt ablehnen, kann ein Medium (Bürsten, Fell, Bälle etc.) verwendet werden. Wenn Kinder sich ihre Reize selbst setzen und aussuchen, können sie diese in der Regel gut akzeptieren. Anfangs werden feste klare Reize bevorzugt, feine Reize können eher diffus wirken.

Reizabwehrende Kinder können auch gut über Geschichten erreicht werden. Wenn sie eine andere Rolle einnehmen, oder die Reize in eine Geschichte gepackt werden, können sie Berührungen häufig zulassen. Durch die Spannung in der Geschichte wird die Berührungsempfindlichkeit vergessen.

Eine ähnliche Wirkung wird auch mit Einreiben von Duftöl/-creme erreicht.

Ballmassage

Das Kind liegt in Rücken-/Bauchlage auf einer Matte oder einer weichen Decke. Wenn es das Kind zuläßt, können Pullover, Hemd und Hose ausgezogen werden.
Der Raum ist abgedunkelt (Gardinen zugezogen).
Es ist warm und ruhig im Zimmer. Nur leise Entspannungsmusik spielt im Hintergrund. Das Kind wird aufgefordert, seine Augen zu schließen, wird aber nicht dazu gezwungen. Der Körper des Kindes wird nun mit einem oder zwei Tennisbällen massiert.
Die Massage beginnt am Fuß des Kindes. Der Ball wird systematisch langsam über den Körper des Kindes gerollt. Der Balldruck sollte so sein, daß er für das Kind angenehm ist.
Die Dauer der Massage orientiert sich am Bedürfnis des Kindes. Sie sollte nicht abrupt abgebrochen werden. Nach Beendigung der Massage kann das Kind noch eine Zeitlang liegenbleiben und dem Balldruck nachspüren. Die Musik klingt leise aus und das Kind erhebt sich langsam.

Luftballonmassage

Die Luftballonmassage wird gleich wie die Ballmassage durchgeführt.

Fußreflexzonenmassage

Die Reflexzonen-Massage geht von der Erfahrung aus, daß die Lebensenergie in bestimmten Bahnen im Körper fließt und daß über diese energetischen Verbindungen bestimmte Körperteile und Organe in ihrer Funktion beeinflußt werden können.
Im gesunden Menschen fließt die Lebensenergie ungehindert durch diese Bahnen und versorgt alle Bereiche gleichmäßig. Die Gesundheit ist gefährdet, wenn der Energiefluß längere Zeit gestaut oder blockiert ist. Reflexzonen-Massage kann solche Stauungen und Blockaden auflösen und das energetische System wieder harmonisieren.
Bei der Reflexzonen-Massage „bearbeiten" wir sozusagen das verkleinerte Abbild des Menschen in Füßen oder Händen und erreichen durch die energetische Verbindung eine Wirkung im gesamten körperlich-seelischen Bereich. Obwohl nur die Füße oder die Hände massiert werden, zeigt sich die Wirkung am ganzen Menschen. Die kleinen Projektionsflächen der Körperteile und Organbereichen an

Händen und Füßen werden Reflexzonen genannt. Die Massage dieser Zonen bewirkt in den zugeordneten Körperteilen bestimmte Reaktionen. (Nach: Dr. Franz Wagner „Reflexzonen-Massage leicht gemacht").

Wir wollen uns bei der Beschreibung der Fußreflexzonen-Massage auf den Bereich des Solarplexus (Sonnengeflecht) beschränken, da seine Behandlung sich besonders auf die Entspannung auswirkt.

Die reflektorischen Zonen von Zwerchfell und Solarplexus (Sonnengeflecht) befinden sich unterhalb des Quergewölbes auf der Fußsohle. Sie verlaufen in einem Bogen über den gesamten Mittelfußbereich. Als sehr wirksam für die Behandlung des Sonnengeflechts, eines wichtigen vegetativen Zentrums, hat sich aber ein kleineres Gebiet direkt unter dem Fußballen erwiesen.

Bitte beachten Sie:

Die Massage dieser Zonen bedeutet „Arbeit" am vegetativen Gleichgewicht des Menschen, an seiner Ausgeglichenheit und am harmonischen Wechsel von Spannung und Entspannung. Diese Zonen können Sie jederzeit massieren, wenn Sie Unruhe, Streß, nervöse Anspannung und alle damit verbundenen Folgen abbauen wollen! Die Massage dieser Zonen verdeutlicht wie keine andere das Grundanliegen der Reflexzonen-Massage: Das Wesentliche sind Entspannung und Geschehenlassen.

Die Massage

Bei der Massage der Reflexzonen des Sonnengeflechts wenden Sie einen Spezialgriff an:

Legen Sie Ihre beiden Daumenkuppen möglichst flach und ohne fest zu drücken in das Grübchen unter dem Fußballen; die anderen Finger liegen sanft am Fußrücken; halten Sie beide Füße gleichzeitig. Halten Sie dazu die Hände über kreuz.

Versuchen Sie, sich bei diesem Griff selbst so gut wie möglich zu entspannen. Versuchen Sie zehn Minuten in dieser Haltung zu bleiben. Auch wenn Ihnen das am Anfang lang erscheinen mag – geben Sie sich der entstehenden Ruhe hin, und Sie werden erleben, daß Sie die Zeit nicht wahrnehmen. Besonders intensiv wird der stille Ruhekontakt, sobald Sie nach etwa fünf Minuten beginnen, sich auf die Atmung des Behandelten zu konzentrieren: Schauen Sie auf seinen Bauch, und drücken Sie während des Einatmens ganz leicht gegen diese Zone, gleiten Sie beim Ausatmen wieder in die Ausgangsstellung zurück.

Wiederholen Sie das drei bis vier Minuten lang. Ein Zustand tiefer und erholsamer Entspannung stellt sich dabei ein. Hier erlebt der Behandler ganz deutlich, daß sehr viel in Bewegung kommen kann durch „Nicht-Tun". Eine sehr sanfte und einfühlsame Behandlung ist hier besonders wichtig.
(Nach: Dr. Franz Wagner „Reflexzonenmassage leicht gemacht")
Die Kinder empfinden es als angenehm, wenn die Füße nach der Fußreflexzonen-Massage mit Duftöl/-creme eingerieben werden (siehe Duftmassage).

Duftmassage

Der Körper des Kindes wird mit angenehm duftendem Öl oder Creme eingerieben.
Das Öl/die Creme – die nicht zu kalt sein sollten – wird zunächst auf die Hände des Erwachsenen gegeben, der dann mit ruhigen Bewegungen das Kind damit massiert.
Ansonsten wird die Duftmassage wie die Ballmassage durchgeführt. Sie kann auch im Anschluß an eine andere Massage erfolgen.
Dies wird von den Kindern in der Regel als sehr angenehm empfunden.
Die Massage kann mit langen gelenkübergreifenden Streichungen durchgeführt werden, es kann aber auch geknetet werden, so daß Spannungen gelöst werden.
Wichtig ist, daß sie so durchgeführt wird, daß sie von den Kindern als angenehm empfunden wird.

Königsmassage

Das Kind ist König/in und kann bestimmen, welcher Körperteil mit Duftöl/-creme eingerieben werden soll.
Es entscheidet auch, ob der Druck fest oder zart und ob die Massage langsam oder schnell durchgeführt wird.

Hot dog

Ein Mensch hat Hunger und möchte ein hot dog (Würstchen mit Brot) essen.
Das Würstchen (Kind) ist in ein Brot (Matte oder Decke) gehüllt. Damit es besonders gut schmeckt, bestreicht der Mensch das hot dog mit verschiedenen Gewürzen (Bürsten, Pinsel, Schwämme etc.). Zunächst würzt er das Brot (dabei unterschiedlichen Druck mit den

Materialien geben) und verreibt dann die Gewürze mit den Händen auf dem ganzen Brot. Nun kann er das Brot essen (Kind spürt dabei Fingerdruck).
Wenn er das Brot aufgegessen hat, würzt der Mensch das Würstchen. Dies macht er auf die gleiche Art und Weise wie beim Brot.
Besonders wichtig – weil für die meisten Kinder sehr angenehm – ist das Verstreichen der Gewürze.
Anschließend ißt der Mensch das Würstchen.
Das Gesicht sollte nur bestrichen werden, wenn das Kind dies auch mag.

Waschstraße

Ein Auto (Kind) muß gewaschen werden. Es kommt in die Waschstraße, wo es verschiedene Stationen durchläuft.
An den einzelnen Stationen – an denen sich Kinder befinden – wird das „Auto gewaschen, eingeseift, Seife abgewaschen, getrocknet und poliert".
Es ist dabei wichtig, daß das ganze Auto sauber gemacht wird. Dies geschieht mit unterschiedlichem Streichen und Massieren der Hände, sowie mit Blasen und Fönen.
Wenn das Kind dabei auf einem Rollbrett liegt, kann es immer von einer Station zur anderen gezogen oder geschoben werden.

Bierdeckelspiel

Das Kind liegt auf einer Matte oder Decke. Im Zimmer ist es ruhig, der Raum ist abgedunkelt.
Der Körper des Kindes wird nun langsam mit Bierdeckeln zugedeckt. Begonnen wird bei den Füßen, der Kopf wird als letztes zugedeckt. Das Kind sollte selbst entscheiden, ob es die Bierdeckel auf dem Gesicht haben möchte oder nicht.
Nachdem das Kind ganz zugedeckt ist, spielt leise Entspannungsmusik, bis es zum Ausdruck bringt, daß die Bierdeckel entfernt werden sollen.
Der Erwachsene nimmt die Bierdeckel nun in umgekehrter Reihenfolge wieder weg.
Das Ganze geschieht in ruhiger Atmosphäre.
Variation: Dieses Spiel kann auch mit anderen Materialien durchgeführt werden.

Stereognosiespiel

In einem Säckchen befinden sich Materialien von unterschiedlicher Form, Oberflächenbeschaffenheit, Stärke und Gewicht.

Das Kind ertastet einen Gegenstand mit einer Hand in dem Säckchen ab und benennt ihn. Zur Kontrolle wird das genannte herausgeholt und angeschaut.

Variation: Die Gegenstände werden von dem tastenden Kind beschrieben (glatt, rauh, rund, eckig, schwer, leicht etc.) und ein anderes Kind muß den Gegenstand erraten. (Das Kind sollte die Gegenstände, die sich in dem Säckchen befinden kennen).

Variation: Die gleichen Gegenstände, die sich in dem Säckchen befinden, sind auf ein Brett aufgeklebt.

Das Kind kann so zunächst den Gegenstand auf dem Brett ertasten und sucht dann durch Ertasten den Zwilling im Säckchen.

Fönspiel

Ein blindes Kind wird mit einem Fön angeblasen. Es muß erraten, woher der Luftzug kommt und zeigen und benennen, wo es am Körper warm wird.

Telefonieren

Die Kinder sitzen in einer Reihe hintereinander. Das letzte Kind in der Reihe schreibt dem vor ihm sitzenden Kind einen Buchstaben, Zahl oder Form auf den Rücken. Dieses wiederum schreibt es dem Nächsten auf den Rücken usw.

Das vordere Kind sagt dann, was geschrieben wurde. Das hintere Kind setzt sich nun nach vorne usw., so daß jedes Kind einmal angefangen hat.

Variation: Mehrere Buchstaben werden auf den Rücken geschrieben, so daß ein Wort erraten werden muß.

Statue ertasten

Ein Künstler formt eine Statue (bringt Kind in eine ungewöhnliche Position). Die Statue ist aber noch mit einem Tuch abgedeckt. Sie darf erst enthüllt werden, wenn ein anderer Künstler eine Zwillingsstatue geschaffen hat.

Der Künstler darf die erste Statue abtasten, bevor er den Zwilling formt.

Wenn der Zwilling fertig ist, wird die erste Statue enthüllt und die beiden werden miteinander verglichen.
Bei Ungleichheit werden Veränderungen vorgenommen.

Verstecktes Kind

Ein Kind hat sich unter einem großen Tuch versteckt, so daß der ganze Körper bedeckt ist: Ein anderes Kind versucht durch Ertasten herauszufinden, welches Kind sich unter dem Tuch befindet.

Hündchen kraulen

Ein Hündchen möchte gerne gestreichelt werden.
Es mag gerne, wenn es mit verschiedenen Materialien (verschiedene Bürsten, Pinsel, Fell etc.) bestrichen wird. Nachdem das Hündchen alle Materialien gesehen und gespürt hat, möchte es ein Spiel machen.
Es schließt beim Streicheln die Augen und rät dann, womit es bestrichen wurde.
Variation: Das Hündchen sagt, mit welchen Materialien es gestreichelt werden möchte.

Früchte sortieren

Ein Kind hat Verschiedenes im Wald gesammelt: Eicheln, Nüsse, Bucheckern, Kastanien etc. und alles in ein Säckchen getan. Zuhause angekommen, macht es mit seinen Freunden ein Sortierspiel. Sie versuchen, alle Früchte zu ertasten und sie dann in Schüsselchen zu sortieren.

Was fühlst du?

Die Kinder sitzen im Kreis. Es werden verschiedene Materialien rundgegeben, die von den Kindern ertastet, aber nicht gesehen werden dürfen. Anschließend kommen alle Materialien in die Kreismitte unter ein Tuch. Die Kinder erzählen nun, was sie alles ertastet haben.
Variation: Art und Reihenfolge der Materialien werden wiedergegeben.

Variation: Nach Benennen der Materialien werden sie entsprechend der Oberflächenbeschaffenheit geordnet.

Tigerstraße

Aus Holzbrettchen (ca. 15 x 20 cm), die mit verschiedenen Taktilmaterialien (Fell, Schmirgelpapier, Leder etc.) beklebt sind, wird eine Tigerstraße, die aus Geraden und Kurven besteht, gelegt. Der Tiger schleicht (barfuß oder auf allen Vieren) zunächst mit offenen, dann mit geschlossenen Augen, bzw. im abgedunkelten Raum aus seiner Höhle um einen Schatz zu suchen. Er findet den Schatz, indem er immer auf der Straße entlang geht.

Schatzsuche

In einer Kiste gefüllt mit Kastanien, Bällen o.ä. ist ein Schatz versteckt. Das Kind ist Schatzsucher und gräbt mit Händen oder Füßen nach dem Schatz.

Variation: Der Schatz wird im Sand versteckt.

Schmerzen heilen

Ein Kind hat starke Schmerzen. Um die Schmerzen zu heilen, wird der betreffende Teil mit Sand bedeckt, denn der warme Sand verschafft Linderung. Das Kind entscheidet, wo es ihm weh tut: Am ganzen Körper (Kopf nicht eingraben) oder an einzelnen Körperteilen. Die nicht eingegrabenen Körperteile werden bewegt, um zu überprüfen, ob sie auch wirklich nicht weh tun.

Pizza backen

Das Kind liegt in Bauchlage auf dem Boden: Der Rücken ist das Backblech, auf dem eine Pizza gebacken wird.

– Das Backblech wird zuerst gereinigt / Mit Handflächen vom Kopf bis zu den Füßen streichen)

– Die Zutaten für den Teig (Mehl, Eier etc.) werden auf das Blech gegeben (Entsprechende Bewegungen mit Händen und Fingern mit unterschiedlicher Intensität)

– Der Teig wird ausgerollt (Rollbewegungen machen)

– Der Pizzateig wird mit Tomaten, Oliven, Wurst, Käse etc. üppig belegt (Unterschiedlicher Hand- und Fingerdruck, Streichbewegungen)

– Das Backblech kommt in den Backofen (der Umluftofen bläst mit Lippen oder Pumpe)

Massage- und Taktilspiele **75**

– Die Pizza wird gegessen (mit Fingern kleine Stücke „Abmachen")
Die Pizza kann von einer oder mehreren Personen hergestellt werden. Schön ist es für die Pizza, wenn sie von mehreren Kindern „gegessen" wird.
Variation: Statt einer Pizza kann auch ein Kuchen oder eine Torte gebacken werden.

Autokauf

Das Kind befindet sich als Auto bei einem Autohändler (Es liegt auf Rollen, Rollbrett o.ä.). Ein Käufer kommt und möchte gerne ein Auto kaufen. Bevor er das Auto kauft, probiert er verschiedenes aus:
– Er streicht mit den Händen über das Auto um zu überprüfen, ob es gut lackiert ist
– Er drückt auf die Hupe (auf Rücken drücken)
– Er bewegt das Lenkrad (Kopf bewegen)
– Er betätigt die Gangschaltung (rechten Arm vor- und zurückbewegen)
– Er bremst (an Beinen ziehen und festhalten)
– Er läßt die Scheibenwischer laufen (linken Arm nach links und rechts bewegen)
– Er schaltet das Licht ein und aus (Frage an Auto: Wo ist dein Licht)

Wenn alles ausprobiert wurde und das Auto in Ordnung ist, wird es gekauft. Der Käufer steckt den Zündschlüssel in das Schloß (mit Finger auf den Rücken) und das Auto fährt los. (Kind schiebt sich auf Rollen/Rollbrett vorwärts). Wenn das Auto zu schnell fährt, wird es gebremst (An Füßen festhalten).
Variation: Das Auto muß rückwärts fahren. Wie?
– Es fängt an zu regnen. Wie werden die Scheibenwischer betätigt?
– Es wird dunkel. Wo geht denn das Licht an?
– Das Auto ist kaputt. Wo muß es repariert werden?
– Mit welchem Werkzeug?

Diese Fragen werden von dem Auto beantwortet.
Bei Betätigen des Schalters führt das Auto diese Funktionen aus.

2.7 Traumgeschichten

2.7.1 Einstiegsmöglichkeiten in die Traumgeschichten

Traumwiese

Du kommst auf eine schöne grüne Wiese mit vielen bunten Blumen. Es gibt rote, gelbe und blaue Blumen und viele verschiedene Gräser. Die Wiese gefällt dir und du legst dich in das Gras, streckst dich aus und schließt die Augen. Es ist ein warmer Tag und du spürst die Sonnenstrahlen auf deinem Gesicht. Sie kitzeln dich an der Nase. Du spürst auch, wie deine Arme, deine Hände, Bauch und Füße ganz warm werden. Du fühlst dich wohl und entspannt und du genießt es, auf der Wiese zu liegen. Es ist ganz ruhig um dich herum. Du hörst nur die Vögel, die auf einem Baum sitzen, zwitschern. Es ist schön, ihnen zuzuhören. In der Nähe plätschert leise ein Bach. Ob wohl Fische darin sind? Du willst darüber nachdenken. Aber du spürst, wie deine Augenlider immer schwerer werden und du immer müder und müder wirst. Bald fängst du an zu träumen ...

Zauberteppich

Du liegst auf einem weichen kuscheligen Zauberteppich. Unter deinem Kopf befindet sich ein Traumkissen.
Du spürst den weichen kuscheligen Zauberteppich überall an deinem Körper: An den Füßen, den Unterschenkeln, den Oberschenkeln, dem Rücken, an Händen, Unterarmen, Oberarmen, Schultern und unter dem Kopf das weiche Traumkissen. Du vergißt alles was dich ärgert und denkst nur an schöne Dinge.
Dein ganzer Körper liegt müde und entspannt auf dem kuscheligen Zauberteppich. Du fühlst dich sehr wohl.
Du hörst deinen ruhigen Atem. Ganz ruhig atmest du ein und aus, ein und aus. Du spürst, wie dein Bauch beim Einatmen dick und beim Ausatmen dünn wird. Du kannst es mit deinen Händen fühlen.
Jetzt spürst du, wie sich dein Zauberteppich vom Boden löst und dich hoch und immer höher trägt. Er trägt dich weit, weit fort bis zu ... (Hier kann der Ort, an dem die Geschichte spielt genannt werden).

Traumgeschichten **77**

Zauberer

Du liegst ganz bequem auf dem Rücken.
Ein Zauberer kommt und verzaubert dich so, daß du ganz ruhig und entspannt wirst. Das tut er, indem er über deinen Körper streicht. Er streicht zunächst über dein rechtes Bein, das jetzt ganz müde und schwer wird. Nun streicht er über dein linkes Bein, das ebenfalls ganz müde und schwer wird. Beide Beine sind jetzt ganz schwer und müde. Der Zauberer streicht weiter über den rechten Arm, den linken Arm, Bauch, Rücken, Kopf zuletzt über die Augenlider, die müde und schwer zufallen. (Alle Körperteile so ausführlich, wie bei den Beinen beschreiben).
Dein ganzer Körper ist jetzt müde und schwer. Du vergißt jetzt alles, was dich ärgert und du fühlst dich wohl und entspannt. Im Raum ist es ganz ruhig. Du hörst nur deinen ruhigen Atem. Du spürst, wie dein Bauch beim Einatmen dick und beim Ausatmen wieder dünn wird. Zufrieden und entspannt liegst du da und du merkst, daß du auf einmal in anderes Land (Auf einen Bauernhof ...) verzaubert wurdest.

Raumschiff

Du möchtest eine Reise mit dem Raumschiff machen. Dafür hast du dir passende Kleidung zugelegt. Du trägst jetzt einen weichen Astronautenanzug. Als du dich damit ins Raumschiff setzt, fühlt es sich an, als ob überall um dich herum Watte wäre: An den Beinen, am Po, an Bauch und Rücken, an den Armen und auch am Kopf. Dein Anzug ist richtig kuschelig und du fühlst dich sehr wohl darin. Gleich fliegt das Raumschiff los. Du machst deine Augen zu, damit du dich auf den Start konzentrieren kannst. Du hörst auch, wie jemand zählt: 10 – 9 – ... 0. Jetzt fliegt die Rakete los. Ganz ruhig gleitet sie durch das Weltall. Nachdem du eine Zeitlang/eine Stunde geflogen bist, landet die Rakete auf einem Berg ... (Ort der Geschichte nennen).

Wanderung

Du ziehst wieder deine festen Wanderstiefel an. Sie geben dir den sicheren Halt, genauso wie der knorrige Wanderstab, den du in die Hand nimmst. Auf deinem Rücken hängt der grüne Rucksack. Darauf ist ein Zeichen mit Berg, Wald und Fluß aufgenäht. In dem Rucksack ist alles Notwendige eingepackt für deine Wanderung in das Traumland. Nachdem du die Haustür hinter dir geschlossen hast, läufst du los. Du verläßt die Stadt und bist neugierig, wohin dich deine Wanderstiefel führen werden. Du kommst in ein kleines Wäldchen und atmest tief ein und aus. In der Nähe hörst du leise einen Bach plätschern. Du gehst hin und wäschst dir dein Gesicht und deine Hände. Jetzt bist du bereit, dem Weg neben dem murmelnden Bach zu folgen...

2.7.2 Inhalt der Traumgeschichten

Bei den Traumgeschichten können mehrere Themen in eine Geschichte verpackt werden, sie können aber auch unter folgenden Themenstellungen erzählt werden:

Beschreibende Geschichte

Dabei werden Landschaften, Tiere, Gegenstände etc. in Farbe, Form und Gestalt beschrieben. Besonders werden dabei die Sinne wie Augen, Ohren und Haut angesprochen. In den Geschichten gibt es wenig Handlung. Sie erfordern deshalb viel Konzentration. Die Beschreibenden Geschichten sind für Kinder geeignet, denen Traumgeschichten schon vertraut sind und die zu einer tieferen Entspannung geführt werden sollen. Sie sind aber auch nützlich bei impulsiven Kindern, die bei zu viel Handlung aus der Entspannung gerissen (abgelenkt) werden und impulsiv die Handlung nachvollziehen.

Die Geschichten sollten zunächst nur von kurzer Dauer sein, da die Kinder sonst überfordert sind. Sie können aber bei guter Konzentration immer mehr ausgedehnt werden.

Beispiel:

– Sandras Geheimnis

– Besuch im Zoo

– Freund Schneemann

Handlungs- und Problemlösungsgeschichte

Bei der Handlungsgeschichte steht die Handlung im Mittelpunkt, beschreibende Elemente fließen aber trotzdem mit ein.
Sie ist für Kinder geeignet, die Spannung brauchen, um sich kon-

zentrieren zu können und denen die Beschreibende Geschichte noch zu langweilig erscheint. In der Handlungsgeschichte können auch Probleme beschrieben werden, die die Situation der Kinder betreffen und über die später gesprochen wird. Dabei können (sollen) Lösungsansätze gefunden werden.

Beispiel:

- Das Gänsekind
- Der Junge mit der Mundharmonika
- Krokofant und Mausegei
- Die bunte Stadt

Geschichten mit Elementen aus dem autogenen Training

Das Autogene Training nach Schulz ist eine autosuggestive Methode, die in einem fest vorgegebenen Ablauf schrittweise den Körper mit folgenden Formeln entspannt: Ich bin ganz ruhig und entspannt, mein rechter Fuß (Körper) ist ganz schwer, ist ganz warm etc. Diese Elemente können kindgerecht in eine Geschichte eingebaut werden. Bei konzentrations- und vorstellungsschwächeren Kindern ist es wichtig, konkrete Wahrnehmungsübungen voranzustellen. Die Schwere einzelner Körperteile wird mit aufgelegten Säckchen erspürt, die Wärme mit Heizkissen, Fön, warmen Tüchern oder frischem Gips. In der darauffolgenden Geschichte wird anfangs nur der vorher erfahrene Arm oder Fuß erwähnt, erst später kann dies auf andere Körperteile und den Gesamtkörper übertragen werden. Mit Anregungen für den Brustbereich sollte behutsam vorgegangen werden, um auf evtl. Atem- oder Herzbeschwerden sofort reagieren zu können. Einen einfühlsamen Umgang verlangt auch das Verwenden von neuen programmierenden Sätzen, da ein Kind während der Tiefenentspannung sehr aufnahmebereit ist.
Für eine intensivere Arbeit mit dem Autogenen Training sind Kurse und weiterführende Literatur zu empfehlen.

Beispiele:

- Der Stein
- Der Stein und die Sonne
- Der Unfall

Geschichten zur Körperwahrnehmung

Bei diesen Geschichten wird der Körper mit seinen Funktionen und seinen Empfindungen angesprochen. Einzelne Sinneswahrnehmungen werden dabei ausführlich beschrieben, um einzelne Körperteile oder Sinnesbereiche zu spüren.

Beispiel:

- Laura und der goldene Schlüssel
- Sandras Geheimnis
- Die Kräuterliesel

Symbolgeschichten

Dabei können innerhalb einer Geschichte durch das Erwähnen bestimmter symbolhaltiger Worte bestimmte Themen dem Unterbewußten erschlossen werden und dementsprechend vom Erleben des Kindes gefüllt werden. Das Kind wird an bestimmte Themen herangeführt und erhält dadurch die Möglichkeit, sich mit ihnen auseinanderzusetzen, C. G. Jung hat die archaisch urtypischen Symbolmuster, die kollektiv allen Menschen und Kindern zu eigen sind, herausgestellt. Es gibt genauso von Interpreten der alten Märchen Deutungsmöglichkeiten aufgrund bestimmter immer wiederkehrender Symbolik. Auch im Bereich der Hypnose und neurolinguistischen Programmierung (NLP) werden Bilder und Reizworte verwendet, die vom Unterbewußtsein aller Menschen (Kinder) verstanden und aufgenommen werden können.

Beispiel:

- Der Kobold Kurt

Bedeutung von Symbolen

- Einen Weg gehen (Entwicklung)
- Eine Reise machen (Für Neues offen sein)
- Eine Treppe hinauf-/hinuntersteigen (andere Bewußtseinsschichten erschließen)
- Fließendes/stehendes Gewässer (entsprechende Gefühle)
- Meer (Sich auflösen, fallenlassen in die Unendlichkeit)

- Berge/Höhen erklimmen (Höhere Ziele, Perspektiven, Übersicht)
- Täler durchqueren (Behutsameres Vorgehen bzw. Gefühlstiefen durchleben)
- In Höhlen kriechen (Uterus, Geborgenheit, auch Dunkles erkunden)
- An das Tageslicht bringen (bewußt machen)
- Brücken verbinden, Grenzen überschreiten (Integration)
- Haus und einzelne Zimmer erkunden, bewohnen, einrichten (Ich-Bezogenheit, Abbild der Persönlichkeit)

2.7.3 Ausstiegsmöglichkeiten

- Du machst langsam deine Augen auf, zuerst nur wenig, dann immer mehr, bis deine Augen ganz offen sind. Du reckst und streckst dich kräftig, du gähnst und spürst, daß deine Arme und Beine sich leicht anfühlen. Du stehst nun langsam auf.

- Du befindest dich wieder auf deinem Zauberteppich und du spürst, wie er dich durch die Luft trägt. Er sinkt langsam tiefer und du landest wieder hier im Zimmer. Langsam machst du deine Augen auf. ... s.o.

- Ein Zauberer kommt ins Zimmer und berührt deinen Körper. Er zaubert, daß du wieder leicht wirst und hier im Zimmer landest. Du öffnest langsam deine Augen ... s.o.

- Das Raumschiff kommt wieder zur Erde zurück, es landet hier im Zimmer, du machst langsam deine Augen auf. ... s. o.

- Du merkst, daß du dich wieder auf dem Weg neben dem Bach befindest. Du hältst noch einmal kurz an, um dein Gesicht im Wasserspiegel zu betrachten. Nun gehst du weiter zurück durch den Wald. Auf deinem Rücken spürst du den Rucksack mit allem, was du von der Reise zurück nach Hause bringst. Bald hast du wieder die Stadt erreicht. Du bemerkst die Autos, die Menschen, den Alltag. Du bist wieder Zuhause, öffnest deine Haustür und trittst ein.

2.8 Spiele für den psycho-emotionalen Bereich

Verspannungen und Verkrampfungen, Blockaden und verfestigte Verhaltensmuster lassen sich spielerisch ans Tageslicht bringen und im entspannteren Umgang mit den Ursachen bewußt auflösen. Das Spiel erreicht das Kind direkter und deutlicher als verbale Hilfen und Erklärungen, der Körper führt das Kind im Spiel zur Wahrheit, so daß Widerstand und Ausweichverhalten umgangen werden. Mit spielerischer Kreativität und Unbelastetheit nach neuen Lösungsstrategien und Entspannungsmöglichkeiten zu suchen erschließt ein vielfältigeres größeres Gebiet.

Diese Spiele können, wenn sie entsprechend durchgeführt werden, innere Stimmungen, Blockaden und frühere Erlebnisse an die Oberfläche bringen. Deshalb sollte behutsam, einfühlsam und in kleinen Schritten vorgegangen werden, damit der Übungsleiter und die Kinder erste Erfahrungen sammeln und sich an eine solche Stunde gewöhnen können.

Es bietet sich an, mit einem Psychologen oder entsprechend ausgebildeten Therapeuten zusammenzuarbeiten.

Wichtig sind in einer solchen Stunde, daß die Regeln und äußeren Formen gleichbleiben und der Stundenablauf nicht von Außen gestört wird. Die Kinder bedürfen der Sicherheit, daß sie sich verstanden und behütet fühlen und daß sie ihr eigenes Tempo bestimmen dürfen. Kein Kind darf zu etwas überredet werden oder gar gezwungen werden. Ausgebildete Fachkräfte dürfen natürlich in einer entsprechenden Situation des Widerstandes oder des verdeckten Wunsches nach Festgehalten-Werden die notwendigen psychotherapeutischen Möglichkeiten ausschöpfen.

2.8.1 Ausagierspiele

Die Kinder können angestaute Aggressionen in sublimierter und kanalisierter Weise abbauen. Sie lernen, dies im angebotenen Rahmen auszudrücken unter Beachtung der notwendigen Minimal-Regeln.

- Die Kinder dürfen Material im Raum **herumschmeißen**, gegen die Wand schmeißen, bzw. Mauern und Berge von Material umschmeißen (Schaumstoffbausteine, weiche Bälle, Kissen, Matratzen, Autoschläuche)

- Die Kinder dürfen Material **zerreißen** (Zeitungen, Schachteln, Pappe, alter Stoff ...). Dies kann mit einer Geschichte angeleitet

und begleitet werden: „Wir sind die Aktenvernichtungsanlage und vernichten diese Massen von Geheimdokumenten"
„Wir sind die Müllverbrennungsanlage und beseitigen den Müll, wir räumen mit dem Dreck auf." Nach dem Zerstören räumen die Kinder das Material beiseite.

- Die Kinder dürfen auf Material **trommeln** (Tambourin, Papp- und Plastikfässer, große Pappröhren, Matratzen, aufgehängte Bleche ...), mit/ohne einzuhaltenden Pausen/Rhythmen.

Variation: Die Kinder **tanzen** während des Trommelns um die große Trommel; dabei dürfen sie auch **schreien**.

- Die Kinder machen eine **Kissenschlacht** mit Feder- oder Schaumstoffkissen Der Kopf darf nicht beworfen werden.

Variation: Es werden mit Schaumstoff umhüllte Holzstäbe (Encounterstäbe) benutzt.

- Die Kinder **boxen** mit Boxhandschuhen gegen aufgehängte Sandsäcke oder den freiwilligen Partner. Als Boxring dienen zwei Turnmatten. Der Kampf wird abgebrochen, wenn die Turnmatten verlassen werden, bzw. wenn ein Boxer dies wünscht. Nach 2 Minuten ist der Kampf zu Ende.
Er wird mit Handschlag und einem „Danke für den fairen Kampf" beendet. Es darf nur auf Rumpf, Arme und Beine, nicht jedoch auf Hals, Kopf und den Genitalbereich geschlagen werden.

- Ähnlich kann auch ein **Ringkampf** abgehalten werden.

Variation: Das Ziel ist, den Gegner von der Matte zu drücken. Die Mattengröße kann verändert werden.

Variation: Das Ziel ist, den Gegner in einen Bannkreis zu ziehen, bzw. zu drücken. (kleine Matte, ein Holzreifen, eine Markierung auf dem Boden dient als Bannkreis.)

Variation: Die Gegner stehen Rücken an Rücken und versuchen, den Gegner von der Matte zu drücken.

- **Luftballons**, am Fußgelenk angebunden, werden gegenseitig ausgetreten.

Variation: Der Luftballon, unter das Hemd gesteckt, dient als Puffer beim **Bauchdrücken**, bis ein Luftballon platzt.

- Beim **Tauziehen**, paar- oder gruppenweise, darf/muß Hauruck geschrien werden.

- Beim **Zweier-Fangen** rennt Kind A solange dem Kind B hinterher, bis es Kind B erwischt. Dann rennt Kind B dem Kind A hinterher, usw. solange, bis beide Kinder nicht mehr können.

2.8.2 Interaktionsspiele

- Beim **sozialen Fangen** kann das Kind nicht gefangen werden, das von einem anderen Kind (dem Retter) umarmt wird, zeitlich begrenzt auf ca. 5 sec.
Variation: Nur sich umarmende Kleingruppen (z.B. 3 oder 4 Kinder) können nicht gefangen werden.
- Jedes **Fangspiel** mit Befreiungsmöglichkeit unterstützt das soziale Lernen, mit dem Zwang, daß alle Kinder gefangen werden können, wenn sie sich nicht gegenseitig helfen.
Auch das **Paar- oder Gruppenfangen**, indem zwei oder mehrere Kinder sich aneinander festhalten müssen (bzw. geheftet oder gebunden sind) während des Fangspiels, übt die Kooperation.
- Der **Beschützer im Hasenkreis** stellt sich vor seine hilflosen Hasenkinder und wehrt die Schaumstoffbälle ab, die von einem gewissen Abstand von allen Seiten auf das Hasennest geworfen werden.
- Im **Vertrauenskreis** steht ein Kind mit geschlossenen Augen als steifer Baum und wird von den Kindern im Kreis außenherum vorsichtig hin und her bewegt.
Variation: Der Baum kann auch auf dem Rücken krabbelnder Kinder getragen werden.
Alle Spiele, in denen Kinder mit geschlossenen Augen geführt oder mit Signalen geleitet werden, stärken das Vertrauen und das Bewußtsein, für andere Kinder verantwortlich zu sein.

2.8.3 Soziogramme

- Jedes Kind sucht sich seinen Platz im Raum, dort, wo es sich wohlfühlt, z.B. im Kreis oder auf verschiedenen vorbereiteten Sitzgelegenheiten. Welches Kind will anschließend seinen Platz verändern, bzw. die Position anderer Kinder?
Was meinen die anderen Kinder dazu?

Spiele für den psycho-emotionalen Bereich **85**

Variation: Es gibt verschieden große **Inseln** im Raum verteilt (Matten, Matratzen ...). Die Kinder dürfen sich ihre Insel wählen, alleine oder mit Freunden. Wenn sie die Insel wechseln wollen, müssen sie den Fährmann und sein Fährboot (Rollbrett) rufen. So kann immer nur ein Kind den Platz wechseln.

Variation: Es sind **Höhlen** aufgebaut, die gewählt werden können, zum Ausruhen oder zum Kuscheln.

Variation: Alle Kinder besitzen ein eigenes Haus. Nur ein Kind hat keines. Dieses Kind sagt. „Ich gehe Hans besuchen" und setzt sich mit zu Hans in sein Haus. Hans sagt: „Ich freue mich, daß du mich besuchst, jetzt aber verlasse ich dich. Ich gehe Lisa besuchen" ...

Variation: Es sind verschiedene Häuser aufgebaut (aus Matratzen, Schachteln, Schaumstoff). Die Kinder wählen aus, beziehen die Häuser und laden Freunde ein, sie zu besuchen. Oder sie fragen an, ob sie andere besuchen dürfen. (Ein Kind als Briefträger überbringt die Einladungen oder Anfragen), bzw. die Kinder besuchen sich gegenseitig ohne vorherige Anfrage.

- Das bekannte Kinderspiel **„Mein rechter Platz ist leer**, da wünsch ich mir den ... her" übermittelt Sympathien.

- Ein Kind stellt die Gruppe als **Statuen** in verschiedene typische Haltungen auf. Daraufhin erhält es die Erlaubnis, zu den einzelnen Statuen hinzugehen, sie zu benennen und verschiedene Gefühle auszudrücken („Das ist mein Vater „ mit dem tue ich lachen, bzw. mit dem will ich schimpfen ...)

- Ein Kind darf **charakteristische Gegenstände** (Hüte, Stricknadel, Werkzeug ...) an die Kinder verteilen und ihnen somit Rollen zuordnen.

2.8.4 Theater- und Rollenspiele

- Der Raum und der Rahmen werden vorgegeben, z.B. Dschungel, Bauernhof, Schule, Zuhause, Krankenhaus, Babypflegeheim, Königreich, bekannte Märchen, neu entdeckter Stern, neu gebautes Dorf, verschiedene Berufe. Jedes Kind wählt sich anfangs seine eigene Rolle und muß diese bis zum Ende durchhalten. Der Erwachsene ist Beobachter oder spielt selber eine Rolle mit.

Variation: Jedes Kind darf zu einem bestimmten Zeitpunkt seine Rolle wechseln. Alle Kinder dürfen gleichzeitig ihre Rolle wechseln.

Variation: Jedes Kind darf zu jedem Zeitpunkt mit Hilfe einer bestimmten Zeremonie seine Rolle ändern. (Auf einem Podest seine neue Rolle verkünden oder mit dem großen Zauberstab sich selber berühren und seine neue Rolle verkünden.)

- Der **Zauberer** (ein Kind oder der Erwachsene) verzaubert die Kinder, indem er ihnen feste Rollen als Tiere etc. zuordnet. Das anschließende freie Spiel wird beendet, indem alle Tiere etc. zu Steinen verzaubert werden. Diese Pause ermöglicht eine kurze Feed-back-Runde, in der das momentane Geschehen kommentiert und zusammengefaßt werden kann, evtl. auch Gefühle und Bedürfnisse und Wünsche der Kinder.
Die Kinder können nach der Pause wieder in ihren alten Rollen weiterspielen, oder sie werden in andere Rollen verwandelt.
Es bietet sich an, die Kinder das gleiche Thema aus verschiedenen Perspektiven, sprich verschiedenen Rollen erleben zu lassen. Thema: Klein-Groß oder aggressiv-ängstlich (Katze und Mäuse, Tiger und Antilopen ...) bzw. schwache Kinder spielen starke Tiger, dominante Kinder eine von vielen Mäusen, ängstliche den König der Löwen etc.

- Die Kinder benutzen Kleidungsstücke und Utensilien als Hilfe, um leichter selbstgewählte Rollen zu finden und darzustellen. Die Kinder erfinden selber eine Geschichte, eine Handlung, während sie ihre Rollen ausprobieren.

- Ein **Regisseur** (ein Kind) erfindet ein Thema, erzählt einen Traum oder eine Wunschvorstellung (Reise, Elternhaus, Schule, Überfall, Krieg ...) oder eine Handlung zu einem bestimmten Thema. Er sucht die Darsteller heraus und gibt grobe Spielanweisungen an alle Mitspieler, die sich an ihre Rolle halten müssen. Der Regisseur darf sich auch eine Rolle wählen und mitspielen. Er darf auch bei dem 2. Spieldurchlauf zuschauen und kommentieren, verbessern.

Wichtig ist dabei, daß kurze Handlungssequenzen gespielt werden, da die Konzentrationsausdauer der Kinder meist noch nicht sehr ausgeprägt ist, so daß sie lange Zeitspannen mitspielen können.

2.8.5 Gestaltungsspiele

Nach einer erzählten Geschichte, nach einer Phantasiereise, nach Theaterspielen oder Interaktionsspielen ist es von großer Bedeutung, dem Kind die Möglichkeit zu geben, das Erlebte für sich zu ordnen, auf eine bewußte Ebene zu heben oder es gestalterisch auszudrücken und darzustellen.

- Das **Malen** auf ein eigenes Blatt mit Bleistift, Wachsmalstiften oder Fingerfarben bzw. an einem großen Gruppenblatt (80 cm – 100 cm) verdeutlicht das Verständnis bzw. das Wesentliche des Erlebten.

- Die Kinder basteln und bauen mit Kleinmaterial (Hölzchen, Bierdeckel, leere Klorollen, Korken, Perlen, Seilchen ...)

- Die Kinder sprechen in ein **Mikrofon**, bzw. auf Tonband

- Die Kinder kneten mit **Ton** bzw. Knetgummi, mit nassem Zeitungspapier und Leim.

Manchmal genügt die Darstellung und das handgreifliche Ausdrücken, manchmal ist es notwendig, die Kinder ihre Werke noch verbal erklären zu lassen, mit ihnen darüber reden, bzw. sie einen Titel für ihr Werk nennen zu lassen.

Interessant ist auch, das gleiche Thema einige Stunden später noch einmal spielen und darstellen zu lassen, um evtl. Änderungen oder sogar Fortschritte der Entwicklung beobachten zu können, bzw. andere und neu erlernte Lösungsstrategien zu verfestigen. So können sie als dritten Schritt in ähnlichen, später anderen Themen verwendet werden.

2.9 Festhaltetherapie

Die gesunde Entwicklung jedes Kindes benötigt Körperkontakt und Zärtlichkeit, warmes und vertrautes Gehalten-Werden. Für Kinder, die sich aus festgefahrenen negativen Rollenmustern nicht mehr spielerisch lösen können, bzw. die an extremeren psychischen Problemen und Verspannungen leiden, haben Welch und Tinbergen (in Deutschland Prekop) die Festhaltetherapie propagiert.

Sie verdient in diesem Rahmen eine kurze Erwähnung, auch wenn für die Durchführung des Festhaltens ausführliche Information und therapeutische Anleitung unbedingt notwendig sind.

Das Festgehalten-Werden soll verhindern, daß das Kind dem Konflikt zum wiederholten Male ausweicht und sich in Widerstand, Verkrampfung, Minderwertigkeitsgefühlen und dem Gefühl „allein gelassen zu werden" flüchtet und versteckt. Dem Kind – gefangen in Selbstzweifeln und Destruktivität – soll die Sicherheit des Akzeptiert-Werdens und Geliebt-Werdens durch diesen sicheren äußeren Halt vermittelt werden – im engen Körperkontakt und bewußt herbeigeführtem Blickkontakt. Es soll realisieren, daß es sich in jeder Situation auf seine Eltern oder nächsten Bezugspersonen bedingungslos verlassen kann. Es soll spüren, daß es in schwierigen Situationen nicht alleingelassen oder sogar bestraft und abgelehnt wird. Die Problemsituation wird gemeinsam durchgehalten und gelöst.

Das Kind wird normalerweise von seinen Eltern gehalten. Nur in Ausnahmesituationen dürfen andere, nahe und konstante Bezugspersonen ein Kind halten, weil es sich um einen sehr intensiven Prozeß handelt, der Vertrauen benötigt, aber auch schafft. Das Festhalten wird nicht technisch neutral durchgeführt, sondern offen, ehrlich und von Liebe getragen.

Das Ziel jedes durchgestandenen Festhaltens ist ein Loslassen und Aufgeben der Widerstände und Verkrampfungen, ist Entspannung und Zulassen von Nähe, Liebe und Geborgenheit. Dieses Erleben der Geborgenheit schafft die nötige Sicherheit, Problemfelder und Rollenmuster gelassener betrachten und auflösen zu können.

3. Methodische Hinweise

Mit den Kindern interessante Spiele durchzuführen bedeutet noch nicht, daß die Stunde ein Erfolg wird. Das beste Spiel / Geschichte nützt nichts, wenn nicht bestimmte methodische Prinzipien in der Raumgestaltung und der Vorgehensweise berücksichtigt werden.
Bei der Arbeit mit Kindern sollte daher folgendes bedacht werden:

- Der Raum sollte eine ruhige Atmosphäre ausdrücken, zu viele Materialien wirken auf die Kinder chaotisch und lösen Unruhe aus

- Gefahrenquellen sollten ausgeschaltet werden, somit kann auch der Erwachsene entspannter agieren

- Der Erwachsene sollte selbst ruhig und entspannt sein, Hektik löst bei den Kindern Unruhe aus

- Der Ablauf sollte so sein, daß erst Tobe – und dann Konzentrationsspiele durchgeführt werden

- Die Stunde sollte immer gleich beginnen

- Der Stundenaufbau sollte dem Kind einen festen Rahmen bieten, um ihm damit Sicherheit, Vertrauen und Orientierung zu geben. Ohne dies ist Entspannung nur schwer möglich

- Beim Erklären der Spiele sollten die Kinder immer erst auf spielerische Art und Weise zur Ruhe gebracht werden, z.B. sich auf einer Insel treffen, sich in einem Haus befinden etc.

- Die Spielanleitungen sollten kurz und prägnant sein

- Das Spielangebot sollte dem Entwicklungsstand und der momentanen Bedürfnislage der Kinder angemessen sein

- Komplizierte Spiele sollten langsam aufgebaut werden

- Es sollte nicht starr an der Stundenplanung festgehalten werden, wenn möglich sollten Ideen der Kinder aufgegriffen werden

- Die Vorgehensweise sollte situationsgerecht und kindorientiert sein

- Spiele und Spielsituationen sollten öfter wiederholt werden

- Am Ende der Stunde sollten die Kinder wieder in die Realität zurückgeholt werden (z.B. durch Recken und Strecken, Entzaubern etc.)

- Es sollte ein gemeinsamer Abschluß mit Feedbackrunde oder einem kleinen ruhigen Spiel stattfinden
- Insgesamt sollte lieber zu wenig als zu viel angeboten werden
- Weitere methodische Hinweise sind noch in den Praxisteilen und den Stundenbildern zu finden

4. Geschichtensammlung

4.1 Besuch im Zoo

Es ist morgens acht Uhr. Hanna ist schon ganz aufgeregt. Gleich muß sie in die Schule gehen. Ihren Schulranzen darf sie aber Zuhause lassen, denn heute ist ein besonderer Tag. Die Klasse macht mit ihrer Lehrerin einen Ausflug in den Zoo. Die Lehrerin erzählte ihnen, daß es im Zoo viele wilde Tiere wie z.b. Löwen und Tiger gibt, auch Fische Schildkröten u.v.a.m.
Als Hanna in der Schule ankommt, sagt die Lehrerin: „Wir gehen jetzt gleich los. Zunächst müssen wir aber eine Straße überqueren und wir müssen dort sehr vorsichtig sein, denn es ist viel Verkehr."
An der Straße angekommen, stellen die Kinder mit Erleichterung fest, daß es eine Fußgängerampel gibt. Sowie die Ampel grün zeigt, gehen sie schnell über die Straße.
Nun kommen sie auf eine große Wiese mit vielen bunten Blumen. Es ist sehr schön für die Kinder, denn hier müssen sie nicht auf Autos aufpassen.
Die Lehrerin sagt: „Wenn ihr wollt, könnt ihr Schuhe und Strümpfe ausziehen und barfuß laufen, es ist ja warm." Die Kinder freuen sich, daß sie mit nackten Füßen durch das Gras gehen können. Das ist ein schönes Gefühl. Manche krempeln auch ihre Hosen hoch. Das Gras ist weich und kitzelt an den Beinen. Manchmal pikst es auch etwas an den Füßen. Aber das ist nicht so schlimm.
Nachdem sie ein Stück gegangen sind, kommen sie an einen Bach, den sie überqueren müssen. Manche Kinder springen mit einem großen Sprung darüber. Hanna und ein paar andere Kinder wollen aber gerne mit nackten Füßen durch das Wasser waten. Vorsichtig strecken sie ihre Füße in das Wasser. Es ist ganz schön kalt, aber das macht ihnen nicht viel aus. Langsam lassen sie ihre Füße ins Wasser gleiten. Auf einmal fühlt sich das Wasser gar nicht mehr so kalt an, ja, durch die warmen Sonnenstrahlen ist es sogar warm. So waten sie ein ganzes Stück durch das Wasser. Sie müssen aber langsam und vorsichtig gehen, um nicht auf einen spitzen Stein zu treten. Nach einer Weile sagt die Lehrerin: „Kommt jetzt heraus, wir müssen weiter." Hanna und die anderen Kinder gehen jetzt mit nassen Füßen durch das Gras. Die Sonne hat sie aber mit ihren warmen Strahlen bald wieder getrocknet.

Nun müssen sie ein Stück den Berg hochgehen. Das ist ziemlich anstrengend. Als sie oben ankommen, sind sie ganz schön außer Atem. Die Lehrerin sagt: „Hier machen wir Pause. Ihr könnt euch jetzt erst mal ausruhen. Ich weiß auch einen Trick, wie ihr schnell ausgeruht seid und wieder frisch werdet." „Wie macht man das denn," fragen die Kinder neugierig.
„Legt euch auf den Rücken ins Gras. Macht Arme und Beine lang und schließt die Augen. Ihr dürft jetzt ganz faul sein. Stellt euch vor, eure Arme und Beine und euer ganzer Körper sind schwer. Ihr atmet ganz tief ein und aus, ein und aus. Das macht ihr mehrmals. Ihr spürt dabei, wie euer Bauch beim Einatmen ganz dick und beim Ausatmen ganz dünn wird."
Nachdem die Kinder mehrmals ganz tief ein- und ausgeatmet haben, spüren sie, daß sie wieder ganz frisch werden. „Das war ein guter Trick," sagen sie zu ihrer Lehrerin. „Jetzt geht es uns wieder richtig gut." „Fein," sagt die Lehrerin, „dann können wir ja weitergehen, es ist auch gar nicht mehr weit bis zum Zoo. Wir müssen nur noch ein Stück durch den Wald gehen, dann können wir ihn schon sehen."
Im Wald ziehen die Kinder ihre Schuhe und Strümpfe wieder an, denn die Tannennadeln und Ästchen auf dem Boden piksen doch ganz schön. Im Wald hören sie das Rauschen der Bäume und das Zwitschern der Vögel. „Schaut," sagt die Lehrerin auf einmal," da vorne könnt ihr den Zoo erkennen." Die Kinder beeilen sich und bald sind sie am Zoo angelangt. Nachdem sie Eintritt bezahlt haben, dürfen sie hinein und kommen zuerst in eine große Halle. Dort gibt es riesige Käfige, in denen Affen herumturnen. Neugierig treten die Kinder näher. Hanna beobachtet, wie ein Affenbaby sich fest an seine Mutter klammert und diese mit ihm von Baum zu Baum turnt. Hanna hat Angst, daß das Kleine herunterfällt, aber es hält sich gut an seiner Mutter fest. Ein anderer Affe sucht in dem Fell seines Freundes nach Läusen.
Nachdem die Kinder lange bei den Affen waren, gehen sie weiter zu den Löwen und Tigern, die in großen Käfigen mit dicken Gitterstäben leben. Es sind gefährliche, aber auch schöne, beeindruckende Tiere, die in ihren Käfigen hin- und herlaufen. Weiter geht es zu den Elefanten, den riesigen Dickhäutern, die laut trompeten und ihre Rüssel hin- und herbewegen. Daneben sind die Giraffen mit ihren langen Hälsen.
Als nächstes geht es zu den pummeligen Bären. Hanna beobachtet,

wie sie über die Felsen klettern. Sie gefallen ihr besonders gut, denn sie sehen aus, wie ihr Teddybär.
Die Kinder sehen noch viele Tiere an diesem Tag: Große, kleine, dicke, dünne, gefährliche und ungefährliche Schlangen, außerdem bestaunen sie Krokodile, die im Wasser schwimmen, Fische in verschiedensten Farben, schillernde Vögel, Papageien, die sprechen können, Zebras, Elche, Nashörner u.v.a.m.
Bis die Kinder alle Tiere des Zoos gesehen haben, wird es Abend. Sie sind müde vom vielen Gehen und Stehen, aber auch glücklich, denn es war ein schönes Erlebnis. „Jetzt wird es aber Zeit, daß wir nach Hause gehen," sagt die Lehrerin.
Sie wandern nun den gleichen Weg wieder zurück durch den Wald, über die Wiese, springen über den Bach, überqueren die Straße bei der Ampel und kommen schließlich in der Schule an. Die Lehrerin wünscht ihnen noch einen guten Nachhauseweg und verabschiedet sich von den Kindern.
Zuhause erzählt Hanna ihrer kleinen Schwester von ihren Erlebnissen. Dabei fallen ihr vor Müdigkeit die Augen zu und sie schläft ein. In ihren Träumen erlebt sie nochmals den Ausflug.

4.2 Der Junge mit der Mundharmonika

Ein kleiner Junge war mit seinen Eltern aufs Land gezogen. Sie wohnten nun in einem schönen Holzhaus, das von Wiesen und einem Garten umgeben war. Auf der Wiese wuchsen viele bunte Blumen und in dem Garten gab es leckere Beeren. Marc, – so hieß der Junge, fühlte sich schnell sehr wohl in seiner neuen Heimat. Es war Sommer und es war schön warm im Freien. Marc ging jeden Tag barfuß nach draußen. Besonders gerne lief er durch das Gras. Das kitzelte immer schön an den Beinen.
Wenn Marc dann müde vom Laufen war, legte er sich ins Gras und ruhte sich aus. Er atmete ganz tief ein und aus. Dabei spürte er, wie sein Bauch beim Einatmen dick und beim Ausatmen wieder dünn wurde. Nachdem er ein paarmal tief ein- und ausgeatmet hatte, fühlte er sich wieder frisch. Dann zog er seine geliebte Mundharmonika aus der Tasche und fing an, wunderschöne Melodien zu spielen. Da kamen Schmetterlinge, Heuschrecken und viele andere Tiere, um ihm zuzuhören. Nachdem er eine Weile gespielt hatte, steckte er seine Mundharmonika in die Hosentasche. Er hatte eine Idee.
Er wußte, daß sich in der Nähe von ihrem neuen Haus ein See befand, den er noch nicht kannte. Er war richtig neugierig, wie der See wohl aussehen würde und ob es da wohl Tiere gäbe. Marc mochte Tiere nämlich sehr gerne.
Er schlenderte gemütlich los und konnte den See auch schon bald erkennen. Als er dort ankam, setzte er sich erst einmal auf einen Stein und schaute sich um. Der See lag inmitten von hohen Bäumen und hatte eine geheimnisvolle dunkle Farbe. Es war sehr ruhig. Marc hörte nur das Rauschen der Bäume und ein leichtes Plätschern vom Wasser. Es gefiel ihm hier. So einen schönen See hatte er noch nie gesehen. Hier würde er öfter herkommen. Schon fiel ihm ein Lied vom Wasser und vom Wald ein, das er auf seiner Mundharmonika spielen könnte.
Er zog seine Mundharmonika aus der Hosentasche und spielte erst leise, dann etwas lauter eine lustige Melodie. Nachdem er eine Weile gespielt hatte, erschrak er etwas und war erstaunt. Vier weiße Schwäne waren lautlos zu ihm hergeschwommen. Auf einmal fing ein Schwan an zu sprechen und sagte: „Spiel doch weiter auf deiner Mundharmonika. Das ist wunderschön."

Nachdem der Junge noch eine Weile gespielt hatte, sagte er: „So, jetzt muß ich aber nach Hause gehen." „Kommst du morgen wieder und spielst uns etwas vor," bettelte der Schwan.
„Wenn ihr wollt, komme ich morgen gerne wieder," versprach der Junge.
Am nächsten Tag ging Marc zur gleichen Zeit wieder zum See und spielte auf seiner Mundharmonika. Er hatte noch nicht lange angefangen zu spielen, da gab es auf einmal ein leises Rauschen über dem See und viele Schwäne und Enten kamen angeflogen. Sie wollten alle die schöne Musik hören. Sie setzten sich leise im Wasser vor ihn hin und lauschten. Als der Junge aufhörte zu spielen, baten sie ihn: „Spiel weiter." Und der Junge spielte weiter. Als es Abend war, und Marc sich verabschiedete, versprach er, am nächsten Tag wiederzukommen.
Als Marc am nächsten Tag zum See kam, war er nicht wenig erstaunt. Der See war voll mit Tieren. Noch mehr Schwäne und Enten wie am Tag zuvor waren da, eine ganz Schar von Möwen und sogar Fische schauten aus dem Wasser. Alle warteten auf dem See auf den kleinen Musikanten. Marc setzte sich auf seinen Stein und begann zu spielen. Auf dem See wurde es ganz ruhig. Man hörte nur noch die wundervolle Musik und das Rauschen der Bäume.
Als Marc nach ein paar Stunden aufhörte zu spielen, war es zunächst ganz still. Auf einmal gab es ein lautes Flügelschlagen. Die Tiere klatschten mit ihren Flügeln Beifall, weil ihnen die Musik so gut gefallen hatte.
Als Marc am nächsten Tag zum See kam, waren nicht nur die Wassertiere da, sondern auch die Tiere aus dem Wald: Rehe, Hirsche, Hasen, Füchse, Eichhörnchen und viele andere mehr. Sie alle wollten die wunderschöne Musik hören.
An diesem Tag spielte Marc noch länger. Die Tiere waren wieder mucksmäuschenstill und lauschten gebannt der Musik. Am folgenden Tag waren wieder alle Tiere auf dem See und im Wald versammelt und warteten auf Marc. Aber Marc kam nicht. Die Tiere wurden unruhig und schauten sich nach allen Seiten um. Aber der kleine Musikant war nirgends zu sehen. „Irgend etwas muß passiert sein," meinte der Schwan. „Sonst wäre der Junge sicher gekommen." Das glauben wir auch", nickten die anderen Tiere. „Wie können wir erfahren, was mit ihm los ist", fragte das Reh. Die Tiere überlegten eine Weile. „Ich habe eine Idee", rief da der Vogel. „Ich fliege zu dem Haus, in dem Marc wohnt. Vielleicht erfahre ich etwas." „Das ist eine gute Idee", nickten die anderen Tiere.

Der Vogel flog so schnell er konnte und landete auf dem Dach von Marcs Haus. Er schaute sich überall um, konnte den Jungen aber nirgends sehen. Ich schaue mal zu den Fenstern rein, überlegte der Vogel. Vielleicht ist er im Haus. Da entdeckte er ein offenes Fenster. Leise setzte er sich auf das Fensterbrett und schaute ins Zimmer. Dort sah er ein Kind im Bett liegen und schlafen. Als er genauer hinsah, erkannte er, daß es Marc war. Leise flog der Vogel auf die Bettdecke des Jungen. Als er ihn genauer ansah, erkannte er, daß Marc krank war. Sein Gesicht sah fiebrig aus. Jetzt wußte er auch, warum der Junge nicht zum See gekommen war. Leise – um den Jungen nicht zu wecken – flog er wieder zum Fenster raus und dann sofort in den Wald. Dort warteten die anderen Tiere schon ganz aufgeregt auf seinen Bericht.

Als sie hörten, daß Marc krank war, wurden sie traurig, und überlegten, wie sie ihm helfen könnten. Es wurde auf einmal ganz ruhig im Wald. Man hörte nur noch das Rauschen der Bäume und das leise Atmen der Tiere. Da hatte das Eichhörnchen eine Idee. „Wir könnten alle zusammen zu dem Jungen gehen und ihm ein Ständchen bringen. Wir singen alle zusammen ein Lied." „Das ist eine gute Idee", meinten die anderen Tiere. „Er hat uns so oft eine Freude gemacht mit seiner Musik, jetzt können wir ihm einmal eine Freude machen." Am nächsten Tag trafen sich alle Tiere vom See und vom Wald und wanderten zu dem Haus von Marc. Es sah aus wie eine lustige Riesenschlange, als alle Tiere so hintereinander herliefen.

Ganz leise stellten sie sich vor dem Haus von Marc auf und fingen an zu singen. Als Marc den Gesang hörte, lief er neugierig zum Fenster und schaute raus. Er konnte fast nicht fassen, was er da sah. Alle seine Tierfreunde waren zu ihm gekommen und machten Musik für ihn. Vor Freude liefen Marc die Tränen über die Wangen. Das war eine wunderschöne Überraschung. Sogar die Leute aus dem Dorf kamen, um zu sehen, wer hier eine so ungewöhnliche Musik macht.

Marc bedankte sich vielmals bei den Tieren und sagte: „Damit habt ihr mir eine große Freude gemacht. Jetzt geht es mir schon wieder besser."

„Du hast uns mit deiner Musik immer eine große Freude gemacht, jetzt sind wir froh, daß wir dir mit unserer Tiermusik eine Freude machen konnten und wünschen dir, daß du bald wieder ganz gesund bist."

4.3 Der Kobold

Der kleine Kobold Kurt wohnt im Land der Kobolde, ein Land, das sehr verwinkelt und unübersichtlich ist, mit dunklen tiefen Wäldern, engen unwegsamen Schluchten, steilen schroffen Felsen, mit reißenden breiten Strömen und viel stachligem Gestrüpp.
Das Besondere im Kobold-Land sind aber die tausend und abertausend glitzernden Blumen in allen Größen und allen Farben. Sie sehen fast wie normale Blumen aus, nur, diese Blumen glitzern so sehr in der Sonne, daß kaum ein Kobold an ihnen vorübergehen kann. Überall, an fast allen Wegesrändern und Bachufern, an Häuserecken und Höhleneingängen, auf fast allen Wiesen und in den Wäldern, überall gibt es diese glitzernden Blumen, die von weitem in den Sonnenstrahlen wie kostbare Juwelen funkeln. Wenn ein Kobold aber nahe an die Blumen herangeht, um sie zu pflücken, dann blenden sie ihn so, daß er sich die Augen schnell zuhalten, den Kopf abwenden und davoneilen muß.
Der kleine Kobold Kurt ist unzufrieden. Er wohnt nicht gerne in diesem Land, das so verwinkelt und unübersichtlich ist, weil er sich oft verläuft. Außerdem kann er sich auch nie bremsen, wenn er eine der glitzernden Blumen von weitem sieht. Jedesmal muß er schnell ganz nahe hinlaufen. Sobald er aber die kostbare Blume pflücken will, tun ihm die Augen so sehr weh, daß er am liebsten laut aufschreien möchte.
Auch heute tun ihm seine Augen wieder weh, und er findet den Nachhauseweg wieder einmal nicht. So trottet er mißmutig durch das stachlige Gestrüpp, bis er einfach keine Lust mehr hat, weiterzugehen. Er legt sich unter einen weiß blühenden Busch, macht seine Augen zu und riecht den süßlichen Duft der weißen Blüten. Tief atmet er den Duft durch die Nase ein. Er kann gar nicht genug davon bekommen. Je mehr er ein- und ausatmet, um so ruhiger und entspannter wird sein Körper. Bald schläft er ein und beginnt zu träumen.
Im Traum hört er ein kleines zartes Stimmchen neben seinem Ohr, das ihm rät, sich auf die Wanderschaft zu machen. Er pflückt sich noch einen blühenden Zweig, damit der Duft ihn begleite. Auf einmal entdeckt er einen schmalen Weg, der hinter dem Busch beginnt. Zuerst geht Kobold Kurt langsam und zaghaft. Er hat Angst davor, vom Weg abzukommen. Nachdem er aber an dem Blütenzweig gerochen hat, wird er mutiger und zuversichtlicher. Er folgt dem Weg durch das Dornengestrüpp und den finsteren Wald, in

dem er kaum mehr seine eigene Hand sehen kann. Er hat aber die Möglichkeit, an seinem Blütenzweig zu riechen, tief ein- und auszuatmen. Und braucht somit keine Angst zu haben. Sofort wird der finstere Wald etwas heller.

Kobold Kurt folgt dem Weg über die grüne Wiese, an vielen glitzernden Blumen entlang. Doch so sehr sie auch zu ihm hinüberfunkeln, er geht diesmal nicht näher an sie heran. Er folgt seinem Weg am Flußufer entlang, dem tosendem Wasser, das so laut ist, daß Kurt sich am liebsten die Ohren zuhalten möchte. Der Weg führt hinab in eine tiefe enge Schlucht, dorthin, wo keine Kobolde mehr anzutreffen sind, nur Schatten und Geschichten. Tiefer und tiefer führt der Weg hinab. Kurt blickt nach oben und sieht nur noch einen kleinen Spalt vom Himmel, ein bißchen Blau scheint herab. Dann macht der Weg eine Kurve und das letzte Stückchen Blau vom Himmel ist auch verschwunden. Kurt geht jetzt Stufe für Stufe eine Treppe hinunter. Dabei hält er sich mit einer Hand am eisernen Geländer fest. Er hört nun keine anderen Geräusche mehr, nur noch seinen eigenen regelmäßigen Atem. Ein und aus, ein und aus. ... Auf einmal ist der Weg zu Ende. Kurt wäre beinahe mit dem Kopf an eine schwere dunkle Türe gestoßen. Jetzt wird er neugierig. Er probiert die Türe zu öffnen. Er drückt mit der rechten Hand dagegen. Die Türe rührt sich nicht. Er drückt mit der linken Hand. Die Türe bewegt sich nicht. Nun drückt er mit aller Kraft mit beiden Händen. Er rüttelt und schüttelt, doch die Türe öffnet sich nicht. Ratlos setzt er sich auf den Boden und überlegt. Es ist sehr selten, daß Kobolde nachdenken. Und während Kobold Kurt nachdenkt, hört er plötzlich ein Geräusch. Er schaut hoch und sieht, wie die Türe sich von alleine öffnet. Kurt freut sich und tritt ein. Er kommt in eine große Höhle, die angefüllt ist mit Tausenden von engen und verschlungenen kleinen Labyrinthwegen. Auf diesen Gassen zwängen sich kleine, aber prall aufgeblasene Luftballontiere entlang. Sie ächzen und stöhnen. Sie stoßen ständig an die Wände oder übersehen Abzweigungen. Das ist vielleicht ein Durcheinander. Das würde ich nicht aushalten. Er setzt sich hin und überlegt eine Weile. Dann hat er eine Idee, wie er den aufgeblasenen Luftballontieren helfen könnte. Er erklärt einem Luftballontier, daß es etwas Luft herauslassen muß, damit es dünner wird. Als die anderen kleinen Luftballontiere dies sehen, machen sie es nach, im Nu haben alle mehr Platz und Überblick und sie stoßen auch nicht mehr an die Wände.

Der Kobold freut sich und geht weiter, bis zur nächsten Türe. Und wieder wartet er ruhig, bis sie sich von alleine öffnet. So einfach ist das, denkt sich Kurt und tritt durch die Türe in die nächste Höhle. In dieser Höhle glitzert alles wie tausend Juwelen, an allen Wänden, von der Decke, auf dem ganzen Boden verteilt, überall funkelt es. Kurt geht langsam näher heran und schaut sich alles genau an. Er ist überrascht: Diese Juwelen sind kleine Spiegel, und wenn Kurt ganz ruhig in sie hineinschaut, sieht er, einen kleinen Kobold freundlich aus der Juwelenblüte herausschauen. Er sieht sich. Das macht ihm Spaß. Er schneidet Grimassen, sein Spiegelbild macht genau das Gleiche. Er streckt die Zunge heraus, sein Spiegelbild macht es ihm nach. Er fängt an zu lachen und sein Spiegelbild in der Juwelenblüte lacht mit ihm.

Das gefällt Kurt, und er beschließt, sich mit den Juwelenblüten, den glitzernden Blüten anzufreunden. So geht er in der Höhle, von Blume zu Blume und schaut ruhig hinein. Und immer schaut ihm etwas entgegen. Manchmal ist es Vertrautes, manchmal etwas, was er noch nie von sich gesehen hat und manchmal auch etwas, das er früher nicht leiden konnte. Es ist so spannend, daß er es fast überhört hätte, als ein kleines zartes Stimmchen nahe seinem Ohr flüstert, daß es nun Zeit ist, nach Hause zu gehen. Er schaut sich um und sieht eine weitere Türe, die sich wieder öffnet, als er ruhig davor steht. Er tritt durch die Türe und geht Stufe für Stufe die Treppe empor. Es wird schon heller und er kann das Blau des Himmels über sich erkennen. Er steigt die Treppe höher und kommt langsam aus der Schlucht heraus. die nun nicht mehr so eng ist. Zufrieden geht er weiter und kommt am Flußufer entlang. Das Wasser singt ein fröhliches Lied und Kurt summt mit. Er geht nun weiter und kommt an der Wiese mit den Glitzerblumen, vorbei. Sie winken ihm zu und Kurt winkt lächelnd zurück und geht weiter durch den großen Wald.

Der Wald öffnet sich und lädt Kurt ein, sich in ihm auszuruhen. Kurt legt sich hin und schließt für kurze Zeit die Augen, während die hohen Bäume des Waldes ihn in den Schlaf wiegen. Nach kurzer Zeit steht er erholt wieder auf und geht frisch und wohlgemut weiter, vorbei an den Büschen, die ihm ihren Duft schenken. Und dann findet Kurt auch wieder den Weg nach Hause. Seit diesem Tag wohnt der Kobold gerne im Kobold-Land. Es ist nicht mehr so verwirrend und unübersichtlich, wenn Kurt langsam die Wege entlanggeht. Die Glitzerblumen überall tun nicht mehr in den Augen weh, wenn Kurt bedächtig in ihre Spiegel hineinschaut und immer wieder sich selber sieht. Er will diese Blumen nicht mehr pflücken.

Manchmal kann man sogar beobachten, wie der kleine Kobold Kurt einfach nur dasitzt und nachdenkt.

4.4 Der rote Punkt

Es ist Sonntagnachmittag. Die Freunde Andreas und Susanne haben sich um vierzehn Uhr an der dicken Eiche – einem großen alten Baum – verabredet. Um den Stamm des Baumes ist eine Bank gebaut. Andreas und Susanne kommen fast gleichzeitig bei dem Baum an und setzen sich auf die Bank. Sie überlegen, was sie an diesem Nachmittag machen könnten. Keiner von beiden hat eine richtige Idee und es ist ihnen langweilig.
Auf einmal sagt Susanne: „Schau Andreas, was da oben auf dem Berg ist. Es sieht aus wie ein roter Punkt. Was das wohl sein mag?" „Ich kann es auch nicht erkennen", sagt Andreas, „gehen wir doch einfach auf den Berg und schauen nach". Die beiden ziehen nun los. Zunächst gehen sie noch ein Stück auf dem Weg, dann müssen sie über einen Graben springen. Weiter geht es dann auf einer Wiese den Berg hoch. Das ist ganz schön anstrengend, denn die beiden sind ziemlich schnell gelaufen und nun ganz außer Atem. Andreas sagt: „Komm, wir ruhen uns einen Moment aus und gehen dann weiter. Ich weiß auch, wie wir schnell wieder Kraft bekommen. Das habe ich in der Schule gelernt. Wir müssen ganz tief ein- und ausatmen, mehrmals hintereinander". „Und das hilft wirklich", fragt Susanne erstaunt. „Probier's aus!" Sie atmen beide nun ganz tief ein und aus, ein und aus. Das tun sie mehrmals hintereinander. Auf einmal sagt Susanne: „Du Andreas, mir geht es wieder gut. Von mir aus können wie weitergehen, ich bin neugierig auf den roten Punkt. Was das wohl sein mag?" „Ich fühle mich auch wieder frisch", sagt Andreas, „also gehen wir weiter". Auf ihrem Weg zu dem roten Punkt sehen die beiden viele bunte Blumen, überall um sie herum blüht es in allen Farben. Susanne nimmt sich vor, auf dem Rückweg einen Strauß zu pflücken. Sie kommen dem roten Punkt nun immer näher, können aber noch nicht erkennen, was es ist: „Vielleicht ist es ein Zelt," überlegt Susanne. „Warum sollte denn da oben jemand ein Zelt aufstellen", fragt Andreas. „Aber vielleicht ist es auch einfach eine rote Bank". Die beiden kommen immer näher, und der rote Punkt wird immer größer. Bald erkennen sie auch, daß es gar kein roter Punkt ist, sondern daß es wie ein Flugzeug aussieht. Sie werden immer neugieriger. Sie sehen nun auch einen Mann bei dem Flugzeug stehen. Jetzt ist es nur noch ein kleines Stück, dann sind sie am Ziel.

„Hallo", begrüßt der Mann sie freundlich, „was wollt ihr denn hier oben?" „Wir sahen den roten Punkt und waren neugierig, was das wohl ist", antworten die Kinder.
„Der rote Punkt ist ein Drachen", lacht der Mann, „mit ihm fliege ich durch die Lüfte wie ein Vogel". „Das ist ja toll", staunen die Kinder, „und du fällst da nicht herunter?" Der Mann schüttelt den Kopf. „Nein, schaut, da ist ein Gurt, mit dem binde ich mich fest und an der Stange halte ich mich. Der Wind treibt mich dann durch die Luft und ich schaue mir die Gegend von oben an". „Das muß ja ein tolles Gefühl sein", meint Andreas. „Ja, das ist es", antwortet der Mann, „manchmal kribbelt es richtig im Bauch".
„Habt Ihr Lust, mit mir zu fliegen?" „Oh gerne", antworten die Kinder. Der Mann hat noch zwei Gurte dabei und macht die beiden damit fest. Er zeigt ihnen, wie sie sich an der Stange festhalten müssen. Dann stoßen sie sich mit den Füßen vom Boden ab, und los geht's. Sie fliegen durch die Luft wie ein Vogel. Am Anfang kribbelt es bei Susanne und Andreas im Bauch, wie es der Mann beschrieben hat, und sie sind zunächst auch ein wenig ängstlich. Aber je länger sie fliegen, desto schöner ist es. Der Mann sagt: „Schaut mal nach unten, was ihr alles sehen könnt". Die Leute sehen von hier oben aus wie Puppen, die Häuser und Autos wie Spielzeuge. Sie erkennen auch den Bach, über den sie gesprungen sind. Auf einmal sehen sie eine Hasenfamilie durch das Gras hoppeln. Sie fliegen weiter über den Wald. Dort sehen sie Hirsche und Rehe, die aus einem Bach trinken, und auch, wie ein Fuchs aus dem Wald heranschleicht. Ein Stück weiter sehen sie einen See, auf dem Enten schwimmen. Vielerlei Vögel fliegen ruhig um sie herum durch die Lüfte, überall ist es sehr ruhig, und die Kinder hören nur ihren Atem.
Nachdem sie eine Stunde geflogen sind, sagt der Mann: „Der Wind läßt nach, und wir werden gleich da vorne auf der Wiese landen". Der Drachen gleitet immer tiefer, und bald landen sie auf der weichen Wiese. Die Kinder bedanken sich bei dem Mann und verabschieden sich von ihm. Glücklich und müde rennen sie nach Hause. Dort erzählen sie ihren erstaunten Eltern von ihren Erlebnissen. Nach dem Abendessen fallen sie müde in ihre Betten, schlafen sofort ein und träumen lange vom Drachenfliegen.

4.5 Der Stein

Es hat aufgehört zu regnen. Die Regentropfen glitzern auf den Zweigen, auf den grünen Gräsern und auf den bunten Blumen. Sie kugeln von den Autodächern und laufen noch vereinzelt über die Fensterscheiben. Die Erde dampft, sie atmet tief ein und aus. In den Pfützen spiegeln sich die dunklen Wolken, die schnell über den Himmel ziehen.
Stefan ist auf dem Weg von der Schule nach Hause. Mißmutig stapft er mit hängendem Kopf die Straße entlang. So eine doofe Schule. Ständig hatte ihn die Lehrerin ermahnt, endlich mal still zu sitzen und nicht immer mit seinem Nachbarn zu reden, mit dem Stuhl zu wippen, mit den Füßen auf dem Boden zu scharren oder im Klassenzimmer herumzurennen. Stefan kommt an das Ende der Straße. Nur noch den Feldweg am großen Stein vorbei, dann ist er Zuhause. Die Kinder in der Klasse hatten immer gelacht, wenn die Lehrerin ihn wieder ermahnte, ruhig zu sein. Und seine Eltern beklagten sich schon bei Verwandten über ihren Zappelphilipp. Keiner versteht mich, denkt Stefan und kickt einen kleinen Kieselstein beiseite. Ich merke es manchmal gar nicht, wenn ich herum zappele. Ich will doch aufpassen und nicht stören.
In diesen Gedanken versunken, wäre er beinahe gegen den großen Stein gestoßen. „Hey, paß doch auf", ruft der Stein, „Was ist denn mit dir los, du rennst doch sonst immer so schnell und fröhlich an mir vorbei?" Stefan seufzt und erzählt dem Stein von seinem Kummer, daß er den ganzen Tag nicht ruhig und aufmerksam sein kann. „Da kann ich dir helfen", meint der Stein freundlich. „Komm, klettere doch auf mich herauf. Mach es dir bequem und leg dich auf mich. Dann zeige ich dir etwas." Stefan klettert schnell auf den Stein und findet oben eine flache Mulde, mit weichem Moos bewachsen. „Könnte ich doch so ruhig wie du werden", meint Stefan versonnen. „Genau das will ich dir zeigen," sagt der Stein. „Mein Freund, der Wind, wird dich verzaubern."
Ein leichter Windhauch berührt sachte Stefans Augen. Stefan seufzt noch zweimal und schließt dann seine Augen. Der Wind streicht behutsam über Stefans rechten Arm, einmal rauf und einmal runter. Stefan spürt, wie sein rechter Arm schwerer und schwerer wird. Er wird so schwer, daß er ihn gar nicht mehr bewegen kann. Und dann streicht der Wind sanft über Stefans anderen Arm, einmal rauf und einmal runter. Auch der andere Arm wird schwerer und

schwerer, so schwer, daß er nicht mehr zu bewegen ist. Stefan staunt, das hat er noch nie erlebt.

Als der Stein ihn jetzt leise fragt, ob er noch mehr verzaubert werden möchte, nickt Stefan. Bald darauf spürt er den zarten Windhauch an seinem rechten Bein entlang streichen, einmal rauf und einmal runter. Stefan spürt, wie sein rechtes Bein schwerer und schwerer wird, so schwer, daß er ihn gar nicht mehr bewegen kann. Und dann streicht der Wind sanft über Stefans anderes Bein, einmal rauf und einmal runter. Auch das andere Bein wird schwerer und schwerer, so schwer, daß es nicht mehr zu bewegen ist. Und als der Wind vorsichtig über den gesamten Körper streicht, denkt Stefan, daß er versinken muß.

Und als der Wind noch einmal vorsichtig über Stefans Bauch und Brust streicht, bemerkt Stefan, daß sein Atem tief und gleichmäßig geht, automatisch, regelmäßig, ruhig und entspannt. So wohl hat sich Stefan schon lange nicht mehr gefühlt. Einfach dazuliegen, seinen Atem zu spüren, die Schwere seines Körpers, die ihn mit dem Stein verbindet und die Ruhe in ihm und um ihm herum. Nach einer Weile hört er den Stein flüstern: „Stefan, ich glaube, du solltest wieder aufwachen, dich recken und strecken und dich dann auf den Heimweg machen. Bestimmt wartet deine Mutter schon zu Hause mit dem Essen auf dich."

Stefan gähnt laut, macht feste Fäuste und dehnt sich, wie eine Katze. Dann öffnet er die Augen und schaut in den Himmel. Die schwarzen Regenwolken sind fast alle vom Himmel verschwunden. Einzelne weiße Wolkenhaufen schieben sich gemächlich voran und hinter einer besonders großen weißen Wolke meint Stefan die Sonne zu erkennen. „Darf ich mich morgen wieder auf dich legen, und von deinem Freund, dem Wind verzaubern lassen?" fragt Stefan den Stein. „Klar doch, komm immer, wenn du ruhig werden willst." Stefan freut sich sehr darüber, verabschiedet sich von dem Stein und rennt schnell den Feldweg weiter bis nach Hause.

4.6 Der Stein und die Sonne

Es ist kälter geworden. Schon seit Tagen hat sich die Sonne nicht mehr gezeigt. Die Blumen auf den Wiesen strecken ihre Köpfchen in die Höhe, sie sehnen sich nach der Sonne. Die Äpfel an den Obstbäumen baumeln ungeduldig hin und her, sie sehnen sich nach der Sonne. Die Katzen klettern auf die höchsten Dächer, sie sehnen sich nach der Sonne. Und die Kinder wollen nicht mehr in ihren Zimmern spielen, sie wollen durch die Wiesen rennen, Blumen pflükken, auf Bäume klettern und mit den Katzen im Sand wühlen. Auch die Kinder sehnen sich nach der Sonne. Stefan ist auf dem Weg von der Schule nach Hause. Schon öfters hat er seinen Freund, den Stein besucht, sich auf ihn gelegt und den Windhauch über seinem Körper gespürt. Jedesmal ist sein Körper schwer und ruhig und entspannt geworden: Wenn er in der Schule besonders unruhig und zappelig war, hat er sich an seinen Stein erinnert und das hat ihm geholfen, wieder besser aufzupassen. Stefan kommt an das Ende der Straße. Nur noch den Feldweg am großen Stein vorbei, dann ist er Zuhause. Auch Stefan ist es kalt. Er hat seine Handschuhe und Mütze vergessen. Er schaut zum Himmel hoch. Immer noch ist die Sonne hinter den Wolkenbergen versteckt. Stefan klettert auf seinen Stein und legt sich hin. „Mir ist kalt, ich glaube, ich kann heute nicht lange bleiben", begrüßt Stefan den Stein. „Da kann ich dir helfen," meint der Stein. „Ich werde meine Freundin rufen." „Welche Freundin?" will Stefan wissen. „Laß dich überraschen. Aber jetzt laß dich erst mal von dem Wind streicheln und verzaubern." Der Wind streichelt behutsam über Stefans Körper, zuerst dem rechten, dann dem linken Arm, dann den Beinen und dann über den gesamten Körper. Und wieder werden die Arme und Beine und dann der ganze Körper schwer. Stefan glaubt, in den Stein hinein zu versinken. Stefan wird wieder ruhig und entspannt und er bemerkt seine tiefe gleichmäßige Atmung. Plötzlich spürt er etwas an seiner rechten Hand. Ob das die Freundin ist, die der Stein herbei rufen wollte? Beinahe unmerklich wird seine Hand wärmer und wärmer. Die Wärme wandert an seinem rechten Arm entlang, der rechte Arm wird wärmer und wärmer. Die Sonne hat sich endlich an dem Wolkenberg vorbeigeschoben und schickt einen Strahl direkt zu Stefan. Sie berührt Stefan mit ihrem Strahl am rechten Arm, bis dieser Arm sich warm anfühlt. Dann wandert sie den linken Arm entlang, bis auch dieser Arm wärmer und wärmer wird. Stefan ge-

nießt diese Wärme. Er atmet tief ein. Genauso atmet sein Körper die Wärme der Sonne ein.

Jetzt wandert der Sonnenstrahl an Stefans rechtem Bein entlang, bis es sich wärmer und wärmer anfühlt, von der Fußspitze bis zum Knie und zum Oberschenkel. Dann wandert der Sonnenstrahl auch am anderen Bein entlang bis auch dieses Bein sich wärmer und wärmer anfühlt, von der Fußspitze bis zum Knie und dem Oberschenkel. Schließlich berührt der Sonnenstrahl den ganzen Körper und schickt seine Wärme in Arme und Beine, in Bauch, Brust und Rücken, bis Stefan sich völlig in Wärme gebettet fühlt. Es ist ihm, als ob er Sonnenstrahlen getankt hätte. Als der Stein nach einiger Zeit sagt: „Du mußt jetzt wieder aufwachen, dich recken und strekken, Stefan, ich glaube, es ist Zeit nach Hause zu gehen," da gähnt Stefan, streckt sich wie eine Katze und macht die Augen auf. Er freut sich, als er die Sonne am Himmel sieht, die letzten Wolkenberge sind verschwunden. Die Sonne strahlt und schickt ihre Strahlen zu den Blumen auf der Wiese, sie schickt ihre Strahlen zu den Äpfeln an den Obstbäumen, sie schickt ihre Strahlen zu den Katzen auf den Dächern und sie schickt ihre Strahlen zu den Kindern, die endlich wieder im Freien spielen können.

Stefan klettert vom Stein herunter, verabschiedet sich und rennt nach Hause. Immer, wenn er nun ruhig sein will, macht er die Augen zu, er erinnert sich an den Stein, und läßt sich von dessen Freunden, den Wind und der Sonne verzaubern.

4.7 Der Unfall

Es ist Sonntag Nachmittag. Im großen Wald, der zwischen den beiden schmalen Flüssen liegt, dem blauen und dem grünen Fluß, versucht die Sonne, durch die dichten Zweige der hohen Bäume zu spitzen. Der Wind spielt mit den Blättern und Ästchen der Büsche, und jedes Tier hält in seinem Bett aus Moos und Grashalmen seinen Mittagsschlaf. Es ist absolut ruhig. Wenn man genauer hinhört, dann kann man die tiefen Atemzüge der schlafenden Tiere erlauschen. Nur das Kaninchen Nimmermüd hoppelt vergnügt vom blauen zum grünen Fluß . Eigentlich sollte es auch schlafen, die Mutter hat es gesagt, aber das Kaninchen Nimmermüd ist niemals müde und niemals ruhig. Ständig hoppelt es über Wurzeln und Bäche, kriecht in Höhlen und klettert sogar auf niedrige Büsche: Es hat niemals Angst, wenn es durch den Wald hoppelt. Es hat nur Angst, in Ruhe sitzen, oder liegen oder langsam hoppeln zu müssen. So hoppelt es jetzt schnell und vergnügt vom blauen zum grünen Fluß, einmal quer durch den großen Wald. Es denkt an die blauen Fische im blauen Fluß, die immer mittags, wenn die Sonne ins blaue Wasser scheint, mit den silberblau funkelnden Wassertropfen tanzen und um die Wette springen. Hier schaut es gerne zu und rennt am blauen Flußrand hin und her. Es denkt an die grünen Fische im grünen Fluß, die abends träge durchs Wasser gleiten und sich mit ihren grünen Mäulern stupsen. Da schaut es gerne zu und rennt am grünen Flußrand hin und her. Und wie das Kaninchen Nimmermüd gerade so nachdenkt, sieht es nicht den alten Baumstumpf, der mitten im Wege steht. Es stolpert und fällt so ungeschickt, daß ihm sein rechter Arm nun ganz weh tut. Verstört rappelt es sich wieder hoch und hoppelt langsam zurück nach Hause. Der rechte Arm schwillt an und wird dick. Die Mutter ist gerade aufgewacht, als das Kaninchen Nimmermüd in den Bau hereingehoppelt kommt. „Was hast du denn gemacht? Wie siehst du denn aus? Komm her, ich tröste dich," sagt die Mutter und nimmt Nimmermüd in ihre weichen Arme. Sonst mag dies Nimmermüd gar nicht, so eng in den Arm genommen zu werden, aber jetzt kuschelt es sich eng an seine Mutter. „Aua, mein rechter Arm tut mir weh", schreit es, als die Mutter an seinen Arm stößt. „Der Arm ist ja ganz dick", ruft die Mutter entsetzt. „Wir müssen zu Doktor Eule gehen."

Doktor Eule schiebt seine Brille auf die Nase, runzelt die Stirn und meint: „Da brauchen wir einen Verband aus Gips, damit dein gebrochener Arm wieder zusammenwachsen und heilen kann."
Und er holt aus seinem Baumloch eine Gipsbinde heraus, taucht sie kurz in Wasser und bindet sie behutsam um den rechten Arm von Kaninchen Nimmermüd.
Zuerst merkt Nimmermüd, daß durch den Gipsverband sein rechter Arm schwerer wird: Sein rechter Arm wird immer schwerer, je mehr Gipsverband darumgewickelt wird. Nach einiger Zeit wird der Gips härter und Nimmermüd merkt, daß sein Arm vom Gips gewärmt wird. Der rechte Arm wird wärmer und wärmer. Das Kaninchen staunt. Das hat es noch nie erlebt. Sein Arm wird schwerer und schwerer und dann wärmer und wärmer und je mehr das Kaninchen dies beobachtet, um so ruhiger und entspannter wird es. Da muß selbst die Mutter staunen, wie ruhig und entspannt das Kaninchen ist, daß es beinahe einschläft. Nimmermüd denkt: „Es ist schön, so ruhig zu sein." Es bedankt sich bei Doktor Eule und hoppelt mit der Mutter wieder zurück nach Hause. Am nächsten Tag nach dem Frühstück hoppelt es zu den blauen Fischen im blauen Fluß und beobachtet sie beim Tanzen und Springen, und sitzt selbst ruhig am gleichen Fleck. Dann hoppelt es zu den grünen Fischen am grünen Fluß und beobachtet sie beim Schwimmen und Mäulerstupsen, und sitzt selbst ruhig am gleichen Fleck. Abends beim Ins-Bett-Gehen sagt das Kaninchen Nimmermüd zu seiner Mutter: „Wenn ich ruhig sitze und den Fischen zusehe, dann kann ich viel mehr sehen." Es dauert nun nicht lange und es ist eingeschlafen. Nach zwei Wochen kommt Doktor Eule und macht den Gipsverband ab. Der Arm ist wieder gesund und Nimmermüd hat keine Angst mehr, ruhig sein zu müssen.

4.8 Die bunte Stadt

Auf einem hohen Berg befand sich ein Dorf mit vielen kleinen Häusern. Die Häuser waren alle bunt bemalt und sahen lustig aus. Genauso lustig waren auch ihre Bewohner, die Zwerge. Sie trugen alle Zipfelmützen in verschiedenen Farben: Rote, Gelbe, Grüne, Blaue.

In dem Zwergendorf wurde viel gelacht und die Zwerge hatten freundliche Gesichter. Wenn ein Zwerg traurig war, so überlegten die anderen, was sie machen könnten, damit er wieder glücklich wird. War ein Zwerg krank, so pflegten die anderen ihn, bis er wieder gesund war.

Die Arbeiten, die es im Dorf gab, erledigten die Zwerge gemeinsam. So waren sie schneller fertig, und hatten noch viel Zeit zum Spielen und zum Feste feiern. Dabei ging es immer lustig zu. Manchmal machten sie sich auch Geschenke, obwohl kein Geburtstag war.

Eines abends, als die Zwerge von der Arbeit nach Hause kamen, sahen sie auf der Wiese etwas Großes Buntes liegen. Neugierig liefen sie hin, um nachzusehen. Da sahen sie einen großen Vogel völlig erschöpft auf dem Boden liegen und schlafen. Die Zwerge wurden auf einmal ganz leise und einer sagte: „Wir dürfen ihn nicht wecken. Er hat sicher einen langen anstrengenden Flug hinter sich und muß sich ausruhen. Wir werden uns jetzt auch bald schlafen legen und morgen früh können wir nach ihm sehen."

Die Zwerge gingen in ihre Häuser, aßen zu Abend und legten sich dann ins Bett. Im Dorf wurde es ganz ruhig und man hörte nur noch den Atem der Zwerge. Sie atmeten ganz tief ein und aus und sie spürten, wie ihr Bauch beim Einatmen dick und beim Ausatmen dünn wurde. Bald waren alle Zwerge eingeschlafen. Am nächsten Morgen standen die Zwerge früh auf, um nach dem großen Vogel zu sehen. Der war gerade aufgewacht und schaute sich verwundert um. „Willkommen im Zwergendorf", begrüßten ihn die Zwerge freundlich. „Wie geht es dir?" „Guten Morgen ihr Zwerge. Es geht mir schon wieder besser. Ich bin nur noch etwas schwach".

„Wir haben dir etwas zum Fressen und zum Trinken mitgebracht. Das wird dich stärken", sagten die Zwerge. „Das ist aber nett von euch, vielen Dank", zwitscherte der Vogel. Die Körner und das Wasser, das die Zwerge ihm mitgebracht hatten, schmeckten köstlich und der Vogel fühlte sich schon wieder kräftiger.

„Wie heißt du denn", fragten ihn die Zwerge, als er mit Fressen fertig war.

„Ich heiße Kunterbunt", erwiderte der Vogel. „Der Name paßt gut zu dir", lachten die Zwerge. „Deine Federn sind ja ganz bunt. Wo kommst du denn her? Warum ging es dir denn gestern Abend so schlecht?" „Das ist eine traurige Geschichte", sagte der Vogel.
„Ich komme von weit her, aus einer dunklen Stadt, in der viele unfreundliche Menschen wohnen." „Ist es in der Stadt immer dunkel? Scheint dort keine Sonne", fragten die Zwerge. „Die Sonne scheint schon", erwiderte der Vogel, „aber die Häuser in der Stadt sind alle mit dunklen Farben angestrichen. Deshalb sieht die Stadt so dunkel aus, auch wenn die Sonne scheint. Die Menschen dort sehen auch nicht freundlich aus. Ich glaube, ihnen gefällt ihre Stadt selbst nicht. Sie laufen alle mit mürrischen Gesichtern herum, schimpfen miteinander und werden schnell ärgerlich. Viele Menschen sind alleine und haben keine Freunde. Die Kinder in den Schulen sind oft laut und beschimpfen und schlagen sich. Es gibt auch wenige Blumen und Bäume in der Stadt. Es war alles so traurig, und deshalb bin ich weggeflogen. Ich wollte ganz weit weg und so bin ich bei euch gelandet."
„In so einer Stadt wollten wir auch nicht wohnen", beteuerten die Zwerge. „Aber eigentlich ist es schade, daß es Menschen gibt, die immer schlecht gelaunt sind."
„Vielleicht können wir den Menschen helfen", überlegte ein Zwerg. „Wie sollen wir das denn machen", fragte ein anderer. Die Zwerge wurden auf einmal ganz still und überlegten, was sie tun könnten. Man hörte nur noch, wie sie ein- und ausatmeten. Auf einmal rief ein Zwerg: „Ich habe eine Idee. Man müßte ihre Häuser bunt anmalen. Dann würde die Stadt hübscher aussehen und die Menschen wären vielleicht freundlicher. Wir haben ja genügend Farbe."
„Das ist eine gute Idee", lobte ein anderer Zwerg. „Aber wie sollen wir dahin kommen? Wir können doch nicht fliegen."
„Aber ich kann fliegen", rief der Vogel Kunterbunt. „Ihr könnt euch auf meinen Rücken setzen." „Aber wir haben doch nicht alle Platz auf deinem Rücken", stellte ein Zwerg fest. „Das stimmt, aber ich könnte meine Freunde holen." „Das ist eine tolle Idee", schwärmten die Zwerge begeistert. „Ihr fliegt uns in die dunkle Stadt und wir nehmen Farbe und Pinsel mit."
Kunterbunt flog weg, um seine Freunde zu holen. Am Abend kam eine ganze Vogelschar bei den Zwergen angeflogen. Jeder Zwerg setzte sich nun auf den Rücken eines Vogels. Die Vögel erhoben sich und los ging's wie der Wind. Als es Nacht war, kamen sie in der Stadt an. Ganz leise packten sie Farben und Pinsel aus und

bemalten die Häuser in der Stadt mit bunten Farben. Als sie fertig waren, verließen sie ganz leise wieder die Stadt. Als die Menschen am nächsten Morgen aus ihren Häusern kamen, erkannten sie ihre Stadt fast nicht mehr. Sie schauten sich verwundert um und schüttelten zunächst ihren Kopf. Als sie die Häuser genauer anschauten, fingen sie auf einmal an zu lachen und riefen: „Wer das wohl gemacht hat?" Niemand wußte es. Es war ein Geheimnis. Die Menschen liefen an diesem Tag nicht mehr mit ärgerlichem Gesicht durch die Straßen, sondern schauten freundlich und grüßten einander.

In der nächsten Nacht kamen die Zwerge wieder leise auf den Vögeln angeflogen. Diesmal hatten sie Blumen und Bäume mitgebracht. Sie pflanzten bunte Blumen in die Gärten und viele Bäume auf die Wiesen.
Am nächsten Morgen wachten die Menschen auf, weil draußen viele Vögel lustig zwitscherten. „Wo kommen denn die Vögel her", fragten die Menschen erstaunt. Als sie aus den Fenstern schauten, sahen sie draußen viele Bäume, auf denen Vögel saßen und viele bunte Blumen im Garten. Es sah hübsch aus. Die Menschen freuten sich sehr und fanden ihre Stadt nun wunderschön. Weil sie sich freuten, wurden sie freundlich, grüßten andere Leute, besuchten sie, halfen ihnen und machten ihnen Geschenke.
Als die Zwerge das sahen, freuten sie sich und flogen zufrieden wieder auf ihren Vögeln ins Zwergendorf zurück.

4.9 Die Kräuterliesel

In einem Dorf steht ein gelbes Haus mit roten Fensterläden. Es ist von einer großen grünen Wiese umgeben. In diesem Haus wohnen die Geschwister Peter, Nina und Tim mit ihren Eltern. Die Kinder gehen jeden Tag ins Freie zum Spielen, egal ob es regnet oder ob die Sonne scheint. Es macht ihnen Spaß, auf der großen Wiese herumzutollen. Heute muß Tim – das kleinste der Geschwister – aber im Haus bleiben. Er ist krank und liegt mit hohem Fieber und Husten im Bett. Die Mutter ist sehr besorgt und überlegt, welche Medizin sie Tim geben könnte. Ach, denkt sie, wenn doch nur die Kräuterliesel hier wäre. Die könnte mir sicher einen guten Rat geben. Ich habe leider keine Zeit, um zu ihr zu gehen. „Wir könnten doch zu ihr gehen," schlagen Nina und Peter vor. „Ihr würdet das wirklich tun," fragt die Mutter erfreut. „Klar," nicken die beiden, „wenn du uns sagst, wo sie wohnt, gehen wir hin und bitten sie um Medizin." „Das ist prima," freut sich die Mutter und sie erklärt den Kindern den Weg.
Zuerst gehen die beiden durch eine riesengroße Wiese. „Schau nur," sagt Peter zu seiner Schwester, „wieviele bunte Blumen es hier gibt." „Und wie sie duften," strahlt Nina. Weil es so warm ist, ziehen sie ihre Schuhe und Stümpfe aus und gehen barfuß durch das Gras. Das kitzelt angenehm an den Füßen. Die Kinder gehen lange Zeit durch die Wiese. Es ist sehr ruhig um sie herum. Sie hören nur ab und zu das Zirpen einer Grille oder das Zwitschern der Vögel. Als sie nach einer Weile den Waldrand erreichen, ziehen sie die Schuhe und die Strümpfe wieder an. Sie schauen sich zunächst einmal um, in welche Richtung sie nun weitergehen müssen. Die Mutter hatte ihnen erklärt, daß sie an einen Waldweg kommen und diesen dann immer geradeaus gehen müssen. „Ihr könnt den Weg am Duft erkennen," sagte sie ihnen noch. „Wie sollen wir einen Weg am Duft erkennen," fragten die Kinder erstaunt. Die Mutter erzählte ihnen, daß die Kräuterliesel auf beiden Seiten des Weges Kräuter gepflanzt hat und diese alle duften.
Als die Kinder nun den Wald betreten, kommt ihnen tatsächlich ein Kräuterduft entgegen. Da wissen sie, daß sie auf dem richtigen Weg sind. Während sie so dahingehen, riechen sie immer wieder an den Kräutern. Es sind viele verschiedene Düfte wie Zimt, Zitrone, Pfefferminze, aber auch viele Gerüche, die die Kinder nicht kennen. Sie nehmen sich vor, die Kräuterliesel danach zu fragen.

Nachdem sie eine ganze Weile so riechend den Weg entlang gegangen sind, stehen, sie plötzlich vor einem Haus, das wie ein Hexenhaus aussieht. Es ist zwischen vier Baumstämme gebaut und die Wände bestehen außen aus Baumrinden. Vor den Fenstern hängen Kästen mit hübschen Blumen. Um das Haus herum befindet sich ein großer Garten, in dem sich viele, viele Kräuter und eine Menge bunte Blumen befinden. Zwischen den Bäumen sind Seile gespannt, an denen Kräuter zum Trocknen aufgehängt sind. Die Kinder schauen sich erstaunt um. Plötzlich ruft eine Stimme: „Guten Tag, ihr beiden." Die Kinder erschrecken etwas, als auf einmal eine alte Frau aus dem Haus kommt. „Ihr braucht keine Angst zu haben," sagt die Frau freundlich. „Ich bin die Kräuterliesel." „Die Kinder atmen erleichtert auf. „Guten Tag," grüßen sie artig, „dich wollen wir besuchen." Die Kräuterliesel bittet die beiden in ihr Haus und serviert ihnen zunächst einen wohlschmeckenden Tee.

„So," sagt sie nach einer Weile, „was führt euch denn zu mir?" Die Kinder erzählen von ihrem kranken Bruder und daß ihre Mutter sie geschickt hat, um Medizin zu holen. „Ich gebe euch einen Tee," erklärt die Kräuterliesel, „den euer Bruder heiß trinken soll. Außerdem eine Salbe, damit reibt ihr ihm Brust und Rücken ein." Die Kinder bedanken sich bei der Kräuterliesel. „Habt ihr noch etwas auf dem Herzen," fragt die Kräuterliesel, als die beiden noch etwas herumdrucksen. „Ja, du hast so viele wohlriechende Kräuter, die wir alle nicht kennen, erklärst du uns, wie sie heißen und was man damit machen kann?" „Gerne," freut sich die Kräuterliesel, „kommt nur mit." Sie gehen gemeinsam in den Garten und die Kinder erfahren nun wie Pfefferminze, Salbei, Ringelblumen, Thymian und viele andere Kräuter aussehen und wie sie riechen. Sie lernen auch, wie diese getrocknet und dann zu Tee und Salbe verarbeitet werden. Die Kräuterliesel erklärt ihnen auch, wie sie den Tee und die Salbe für ihren Bruder hergestellt hat. Peter und Nina sind ganz begeistert von der freundlichen Frau und ihrer Arbeit. Es ist jetzt aber schon spät und sie müssen nach Hause gehen. „Wenn ihr wollt," sagt die Kräuterliesel zum Abschied zu ihnen, „könnt ihr mich mal wieder besuchen kommen und mir beim Kräuterernten und beim Medizinherstellen helfen." „Sehr gerne," strahlen die beiden, „vielleicht kommen wir morgen schon wieder." Glücklich gehen sie nun den duftenden Waldweg zurück nach Hause. Es ist ganz ruhig im Wald. Als sie zuhause angekommen sind, bekommt Tim gleich einen Kräutertee und wird mit der Salbe eingerieben.

Am nächsten Tag geht es ihm schon wieder besser. Peter und Nina machen sich gleich morgens auf den Weg zur Kräuterliesel. Sie treffen unterwegs keine Menschenseele und hören nichts, außer ihrem ruhigen Atem und dem Pfeifen der Vögel, das sie auf dem ganzen Weg begleitet. Die Kräuterliesel freut sich, daß die beiden wieder zu ihr kommen. Sie möchte heute eine Fettcreme herstellen und die Kinder können ihr gut dabei helfen.
Nachdem Peter und Nina oft bei ihr waren, haben sie eine ganze Menge über Kräuter gelernt, z.B. wie man Medizin und Salben herstellt, aber auch wie man schmackhaftes Essen damit zubereiten kann. Die beiden sind nach einiger Zeit selbst richtige Kräuterlieseln geworden. Die Eltern haben ihnen erlaubt, zuhause in ihrem Garten allerlei Kräuter anzupflanzen. Die Kinder gehen nun jeden Tag in den Garten, beobachten und pflegen ihre Kräuter und atmen den würzigen Duft ein.

4.10 Fred, der schillernde Fisch

Fred wohnt unter einer großen Steinplatte im kristallklaren Wasser eines langen Flusses. Er ist ein Fisch, den die Wassertiere in vielen Flüssen und in den großen Meeren kennen. Fred ist ein ganz besonderer Fisch. Sein Körper ist mit Schuppen überzogen, die in allen Farben schillern. Die anderen Tiere nennen ihn deshalb nur „Fred der schillernde Fisch." Überhaupt ist Fred bei den Tieren sehr beliebt. Er hat immer ein offenes Ohr für ihre Sorgen und hilft ihnen, wo er kann. Wenn Gefahr droht, blinkt Fred mit seinen schillernden Schuppen und die Tiere verschwinden sofort in ihrem Versteck.
Fred ist auch ein interessanter Geschichtenerzähler. Er ist ein reiselustiger Geselle und war schon in vielen Flüssen und in den großen Meeren. Dabei hat er viele Abenteuer erlebt, die er Zuhause den anderen Tieren erzählt. Diese lauschen ihm immer ganz gebannt.
Auch jetzt ist Fred wieder auf Reisen. Er hat unterwegs schon viele Meerestiere kennengelernt und auch mit manchen Freundschaft geschlossen. Es gefällt ihm aber auch, wenn er ganz alleine ist und ihn niemand stört. So kann er in Ruhe nachdenken und beobachten, was es um ihn herum so alles gibt.
Heute ist so ein Tag, an dem Fred alleine durch das Wasser schwimmt. Es ist sehr ruhig im Meer. Fred hört nur, wie sich das Wasser leise um ihn herum bewegt. In ihm ist eine große Ruhe. Es ist ein schöner Tag. Die Sonne scheint und Fred spürt, wie die warmen Sonnenstrahlen auf seine schillernden Schuppen fallen. Dadurch glänzen die Schuppen noch mehr und funkeln wie Edelsteine. Während Fred so leise und langsam dahinschwimmt, schaut er sich interessiert seine Umgebung an. Dabei taucht er auch bis auf den Meeresboden. Dort sieht er Pflanzen, die es in seiner Heimat nicht gibt. Er sieht lange grüne Algen, verschiedene blühende Pflanzen und eine ganze Menge mehr. Fred bleibt lange an diesem Platz. Es gefällt ihm, daß es hier so ruhig ist und er beobachtet, wie sich die Pflanzen im Wasser hin- und herbewegen. Nach einer langen Weile schwimmt er weiter. Unterwegs beobachtet er noch Meerestiere wie Krebse, Tintenfische, Seesterne, Seeigel u.v.a.m. Sie hören ihn gar nicht, weil er so leise an ihnen vorbeischwimmt. Fred beobachtet sie aber genau. Als er noch weit, weit so geschwommen ist, kommt ihm ein ganzer Schwarm von Fischen entgegen. Zunächst erschrecken sie, als sie Fred sehen. Er sagt ihnen aber, daß sie

keine Angst zu haben brauchen. Du siehst wunderschön aus mit deinen glänzenden Schuppen, sagt da ein Fischlein zu ihm. Jetzt weiß ich, wer du bist, ruft da ein anderer. Bist du nicht Fred der schillernde Fisch? Genau, der bin ich, nickt Fred. Es ist schön, daß wir dich kennenlernen, freuen sich die Fischlein. Wir haben schon viel von dir und deinen schillernden Schuppen gehört.
Auf einmal fangen die Schuppen von Fred an zu blitzen und zu blinken und im Nu sind die Fischlein verschwunden. Fred hat nämlich beobachtet, daß ein großer gefährlicher Fisch angeschwommen kommt, der die kleinen fressen will, und hat sie mit seinen blinkenden Schuppen gewarnt. Der große Fisch ist ganz erstaunt, als er keine kleinen Fischlein mehr sieht. An Fred jedoch traut er sich nicht heran. Seine schillernden Schuppen sind ihm unheimlich. So schwimmt er mißmutig weiter. Als er verschwunden ist, kommen die kleinen Fischlein vorsichtig wieder aus ihrem Versteck. Sie bedanken sich bei Fred, daß er ihnen das Leben gerettet hat und laden ihn ein, noch ein paar Tage bei ihnen zu bleiben. Fred möchte aber lieber wieder zu seinen Freunden nach Hause. Er hat noch eine lange Reise vor sich und verabschiedet sich herzlich von den Fischen. Dann schwimmt er lautlos davon. Es dauert noch zwei Tage und zwei Nächte, bis er wieder Zuhause unter der großen Steinplatte angekommen ist. Er ist müde von der langen Reise, aber auch glücklich und er nimmt sich vor, morgen seinen Freunden von seinen Erlebnissen zu berichten.
Während er noch so überlegt, fallen ihm die Augen zu und er schläft einen tiefen festen Schlaf.

4.11 Freund Schneemann

„Es schneit, es schneit", ruft Ramona, während sie zum Fenster hinausschaut. Ihr Bruder Felix kommt angerannt, um sich davon zu überzeugen. Tatsächlich! Schon in der Nacht hat es eine Menge geschneit. Die Kinder freuen sich. Sie sind gerade aufgestanden und ziehen sich schnell an, denn sie wollen bald hinaus in den Schnee. Sie schlüpfen in warme Hosen, dicke Socken und ihre kuschelig weichen Pullover. Nachdem sie gefrühstückt haben, ziehen sie noch ihre neuen Winterstiefel und die Anoraks an. Um den Hals binden sie den Schal, den ihnen ihre Mutter gestrickt hat. Damit sie keine kalten Ohren bekommen, setzen sie eine Mütze auf und zum Schluß streifen sie die Handschuhe über. Nun kann es losgehen. Die beiden stürmen hinaus ins Freie. Dort bleiben sie erst einmal stehen und schauen sich um. Die Landschaft hat sich über Nacht völlig verändert. Die Wiesen sind ganz weiß geworden, die Bäume haben ein weißes Kleid und die Häuser ein weißes Dach bekommen. „Schau", sagt Felix, „das Vogelhaus hat einen weißen Turban".
„Schön", sagt Ramona, „aber die armen Vögel, wo sollen sie jetzt Futter finden? Wir werden die Mama fragen," sagt Felix, „vielleicht haben wir noch Vogelfutter im Haus." Tatsächlich findet ihre Mutter noch eine Tüte mit Vogelfutter, das sie den Kindern gibt. Die Beiden leeren die Körner ins Vogelhaus. Da hat Felix auch schon die nächste Idee:
„Weißt du was", sagt er zu seiner Schwester, „ich würde jetzt gerne einen Schneemann bauen." „Au ja", freut sich Ramona, „wir stellen ihn dann direkt neben das Vogelhaus." Die Kinder machen nun zwei große Schneekugeln. Mit viel Mühe schaffen sie es, die eine Kugel auf die andere zu heben. Somit ist der Bauch fertig. Sie machen nun noch eine dritte Schneekugel, die sie als Kopf oben drauf setzen. Von ihrer Mutter bekommen sie Kohlen für die Augen und die Knöpfe und eine gelbe Rübe für die Nase. Den Mund machen sie aus Steinen und zwar so, daß es aussieht, als ob der Schneemann lächelt. Von ihrem Vater erhalten sie einen alten schwarzen Hut, den sie dem Schneemann auf den Kopf setzen. Zum Schluß binden sie ihm noch einen roten Schal um den Hals und fertig ist der Schneemann. Oder doch nicht? „Wir haben die Arme vergessen", ruft Ramona auf einmal. Schnell machen sie noch zwei Schneerollen, die sie als Arme an der mittleren Kugel anbringen. In den rechten Arm bekommt der Schneemann noch einen Stock. Nun ist

er wirklich fertig, und die Kinder strahlen. Sie sind begeistert von ihrem Schneemann und beschließen daß er ihr Freund sein soll, auch wenn er nicht sprechen kann. Es gefällt ihnen, daß er sie so freundlich anschaut, und sie hoffen, daß er noch lange nicht schmilzt. Sie tollen noch eine ganze Weile im Schnee herum und bewerfen sich mit Schneebällen. Das macht Spaß. Als es den Kindern nach einer Weile zu kalt wird, gehen sie in das Haus und wärmen sich auf. Ramona schaut zum Fenster hinaus und ruft erfreut: „Schau mal, Felix, wie viele Vögel am Vogelhaus sind." Nachdem die beiden Kinder weg waren, haben sich die Vögel ans Vogelhaus getraut, und nun picken sie gierig nach den Körnern. Es werden immer mehr und einige von ihnen sitzen auf den Schultern und auf dem Hut des Schneemannes. Einer sitzt sogar auf der Karottennase. Die beiden Kinder schauen dem Treiben der Vögel lange zu. Es ist ganz ruhig um sie herum. Sie hören nur das Zwitschern und das Picken der Vögel. „Siehst du", sagt Ramona nach einer Weile zu Felix, „die Vögel mögen den Schneemann auch. Sie umschwärmen ihn richtig. Ich glaube, daß er auch ihr Freund ist." Es fängt nun schon an dunkel zu werden und bald ruft die Mutter die Kinder zum Abendessen. Nachdem sie hinterher noch eine Weile gespielt haben, werden sie müde und gehen ins Bett. Bald fallen den Kindern die Augen zu. Es ist ganz leise geworden im Zimmer und man hört nur noch ihren ruhigen Atem. Ganz ruhig atmen sie ein und aus und in der Nacht träumen sie von ihrem Freund, dem Schneemann.

4.12 Krokofant und Mausegei

Franziska und Daniel sind auf dem Weg von der Schule nach Hause. Sie gehen beide in dieselbe Klasse. Heute hat die Lehrerin zu ihnen gesagt, daß sie nächste Woche in der Schule eine Faschingsfeier machen werden. Die Kinder sind begeistert und Daniel ruft gleich: „Ich mache einen Indianer." „Ich verkleide mich als Cowboy, dann bringe ich meine Pistole mit," überlegt ein anderes Kind. „Halt, halt," ruft die Lehrerin. „Wir werden Fasching in diesem Jahr etwas anders feiern wie sonst. Niemand bringt eine Waffe mit und jedes Kind kommt in einem selbstgebastelten Kostüm." Einige Kinder machen ein langes Gesicht. So etwas Blödes. Gekaufte Sachen sind doch viel schöner. „Wartet ab," beruhigt sie die Lehrerin. „Ihr werdet überrascht sein, wie toll ihr ausseht. Ihr müßt euch nur ein wenig Gedanken machen." Franziska und Daniel überlegen schon auf dem Nachhauseweg, was sie machen können, aber es fällt ihnen nichts ein. „Wir können uns ja heute Nachmittag treffen," schlägt Franziska vor, „vielleicht fällt uns bis dahin etwas ein." „Einverstanden," nickt Daniel. „Heute Nachmittag, wenn ich meine Schulaufgaben fertig habe, komme ich zu dir." Punkt zwei Uhr klingelt es, bei Franziska an der Haustür. Es ist Daniel. Die beiden gehen ins Kinderzimmer und setzen sich auf die Matratzen am Boden. „Hast du eine Idee, was du an Fasching sein möchtest", fragt Franziska. „Nein," Daniel schüttelt den Kopf, „keine Ahnung. Mir ist noch nichts eingefallen." „Weißt du was," schlägt Franziska vor, „wir legen uns jetzt einfach auf die Matratzen und schließen unsere Augen. Das mache ich oft, wenn ich mir etwas überlege. Dabei kommen mir häufig gute Ideen." „Probieren wir's", nickt Daniel. Die beiden legen sich nun auf die Matratzen und machen die Augen zu. Man hört nur noch ihren Atem. Ganz ruhig atmen sie ein und aus, ein und aus. Es ist ganz still im Zimmer. So können die beiden gut nachdenken. Nach einer Weile ruft Franziska auf einmal: „Ich habe eine Idee." „Au ja, erzähl." Daniel wird ganz neugierig. „Ich würde mich gerne als ein Tier verkleiden," sagt Franziska, „aber ich kann mich nicht entscheiden. Ich wäre gerne ein Krokodil, aber ein Elefant würde mir auch gefallen." „Dann mach doch beides", schlägt Daniel vor. „Wie soll ich denn zwei Tiere machen, wenn ich nur ein Mensch bin," fragt Franziska. „Du kannst dich unten als Krokodil und oben als Elefant verkleiden," überlegt Daniel. „Das sieht sicher lustig aus." „Das ist eine tolle Idee," ruft Franziska. „Dann bist du kein Krokodil und kein Elefant, sondern ein Krokofant." „Das ist super," freut sich Daniel. „Weißt du was, ich helfe dir jetzt einen Krokofant zu basteln und anschließend können wir dann etwas für mich überlegen." „Prima," nickt Franziska. Die beiden überlegen nun, was sie alles brauchen, um einen Krokofant zu basteln. Zuerst machen sie einen langen Rüssel. Dafür binden sie mehrere Klorollen zusammen. Den Elefantenkopf machen sie aus einer Papiertüte. Für Augen, Nase und Mund schneiden sie Löcher aus. Die großen Elefantenohren werden aus Pappe ausgeschnitten und dann aufgeklebt. Nun malen sie alles noch mit grauer Farbe an. „Wenn du jetzt noch einen grauen Pulli anziehst, siehst du aus wie ein Elefant," lacht Daniel. „Später verkleide ich mich richtig," sagt Franziska. „Jetzt basteln wir erst mal alles fertig. Ich brauche jetzt noch einen Schwanz für das Krokodil. Wie könnten wir denn den machen?" „Habt ihr Eierkartons," fragt Daniel. „Ja, ganz viele, aber wofür brauchen wir die denn?" „Wir könnten die Eierkartons zu einem Schwanz zusammenbinden, und zwar so, daß er oben breit und unten schmal und spitz ist. Dann malen wir den Schwanz grün an und binden ihn dir mit einer Schnur um den Bauch." „Das ist eine gute Idee, darauf wäre ich nicht gekommen," freut sich Franziska. Schnell läuft sie zu ihrer Mutter und bittet sie um Eierkartons. Es ist viel Arbeit, bis alles zusammengebunden und angemalt ist, aber es sieht interessant aus.

Nachdem alles fertiggebastelt ist, zieht Franziska einen langen grauen Pulli an, den sie von ihrer Mutter bekommt. Dann setzt sie die Elefantenmaske auf, zieht eine grüne Strumpfhose an und bindet sich den Krokodilsschwanz um. „Du siehst wunderbar aus," strahlt Daniel, „eben wie ein richtiger Krokofant." Als Franziska in den Spiegel sieht, ist sie selbst überrascht, wie gut das gebastelte Kostüm gelungen ist. Vorsichtig zieht sie ihre Kleider nun wieder aus und legt sie zur Seite.

„Jetzt müssen wir uns ein Kostüm für dich überlegen," sagt Franziska zu Daniel. „Ich habe schon eine Idee," strahlt Daniel. „Ich würde auch gerne so ein gemischtes Tier machen wie du. Mir würde eine Maus und ein Papagei gefallen." „Dann machst du einen Mausegei," lacht Franziska.

„Au ja, aber ich weiß noch nicht so richtig, wie wir das anstellen sollen," überlegt Daniel. „Mache ich oben eine Maus und unten einen Papagei oder umgekehrt." „Wir könnten aus Pappe einen großen Schnabel machen und aus buntem Papier Federn auf Kopf und Rücken. Dazu trägst du einen bunten Pullover." „Dann ziehe ich mir eine graue Strumpfhose an und flechte aus Wolle einen Mäuseschwanz."

Die beiden fangen nun eifrig an zu basteln und nach einer Stunde ist auch schon das Kostüm für Daniel fertig. Als Daniel sich verkleidet hat, sagt Franziska lachend: „Weißt du was, du siehst aus, wie ein richtiger Mausegei." Dann lachen beide. „Ich bin mal gespannt," meint Daniel, „was die anderen in der Klasse zu unserem Kostüm meinen." „Ich auch," kichert Franziska. Eine Woche später, als die Faschingsfeier in der Schule stattfindet, kommen die anderen Kinder neugierig zu Daniel und Franziska. „Wie seht ihr denn aus. Du bist ja ein Krokodil und ein Elefant gleichzeitig," staunt ein Kind Franziska an. „Nein," trompetet sie wie ein Elefant, ich bin ein Krokofant." „Und ich bin kein Papagei und keine Maus. Ich bin ein Mausegei," piepst Daniel. Die Kinder lachen. „Das habt ihr wirklich toll gemacht. Aber auch die anderen Kinder haben sich große Mühe gegeben und tragen hübsche und interessante selbstgebastelte Kostüme.

„Nun," fragt die Lehrerin, „wie ging es euch denn beim Faschingskleider basteln? War es langweilig oder hat es euch ein bißchen Spaß gemacht?" „Es hat uns sogar viel Spaß gemacht," rufen die Kinder. „Nächstes Jahr machen wir das wieder so." Die Lehrerin strahlt: „Ich finde ihr seid die schönste Klasse in der ganzen Schule mit euren selbstgebastelten Kostümen."

4.13 Laura und der goldene Schlüssel

Laura ist ein lustiges und fröhliches Kind. Sie tollt gerne über Wiesen und springt über Bäche. Es gefällt ihr aber auch lange Spaziergänge auf dem weichen moosigen Boden durch den Wald zu machen. Außerdem mag sie es, wenn es so ruhig ist im Wald. Sie hört dann nur das Knacken der Äste unter ihren Füßen und das Zwitschern der Vögel. Zwischendurch bleibt sie stehen, um zu verschnaufen. Sie atmet dann ganz ruhig ein und aus und spürt, daß ihr das gut tut. Auch jetzt macht Laura wieder einen Spaziergang durch den Wald. Es ist ein schöner warmer Tag und die Sonne scheint zwischen den Bäumen hindurch auf ihren Körper. Laura fühlt sich richtig wohl und schaut sich um, ob sie vielleicht irgendwo ein Tier sieht. Dabei übersieht sie eine Baumwurzel. Sie stolpert und fällt der Länge nach auf den Boden. Zum Glück hat sie sich nicht verletzt. Als sie gerade wieder aufstehen will, sieht sie vor sich etwas blinken. Laura hebt es auf und stellt erstaunt fest, daß es ein goldener Schlüssel ist. Während sie noch überlegt, was sie damit machen soll, sieht sie, daß es auch ein Stück weiter vorne blinkt. Laura ist neugierig und läuft schnell zu dem glänzenden Punkt. Beim Näherkommen erkennt sie in einem dicken Baum eine große schwere Tür mit einem goldenen Schlüsselloch. Laura steckt den goldenen Schlüssel in das goldene Schlüsselloch, dreht ihn um, und auf einmal öffnet sich quietschend die Tür. Laura erkennt nun, daß es der Eingang zu einer Höhle ist. Neugierig tritt sie ein. Sie kommt in einen großen freundlichen Raum mit allen möglichen Gegenständen zum Schaukeln. Da gibt es eine Hängematte, einen Schaukelstuhl, eine Schaukel zum Draufstehen und eine zum Drauffliegen und noch verschiedene andere Schaukelgeräte. Laura probiert sie alle aus. Mit manchen kann sie ganz hoch schaukeln und mit anderen dreht sie sich um die eigene Achse. Das war herrlich, denkt sie, als sie aufhört mit Schaukeln. Sie möchte wieder umkehren, da entdeckt sie, daß es in dem Zimmer noch eine andere Tür gibt, die verschlossen ist. Laura versucht, sie mit ihrem goldenen Schlüssel aufzuschließen. Die Tür läßt sich tatsächlich öffnen. Laura ist gespannt, wie es wohl im zweiten Zimmer aussieht. Der Raum ist leer, aber die Wände sind vollgemalt mit bunten Bildern. Laura liebt es, Bilder anzuschauen. Deshalb geht sie auch in aller Ruhe an den Wänden entlang und schaut sich ein Bild nach dem anderen an. Was es da nicht alles zu sehen gibt. Da sind richtige Geschichten an die Wand gemalt von Menschen und Tieren, die Aben-

teuer erleben. Außerdem gibt es wunderschöne Landschaften mit Wiesen, die voller bunter Blumen sind, einen grünen Tannenwald und bunte Herbstwälder. Nachdem Laura alle Bilder angeschaut hat, entdeckt sie eine weitere Tür. Sie nimmt ihren goldenen Schlüssel und öffnet sie. Dabei gibt es einen leichten Luftzug und Laura hört ein Geräusch. Sie erschrickt zunächst etwas, geht aber trotzdem vorsichtig in den nächsten Raum. Da sieht sie, daß der Raum voller Instrumente ist. Es gibt verschiedene Glöckchen, Zimbeln, Flöten, Trommeln, eine Gitarre, eine Geige, ein Klavier u.v.a.m. Laura ist ganz begeistert. Zuhause spielt sie nämlich oft auf Instrumenten. Auch jetzt setzt sie sich hin und probiert ein Instrument nach dem anderen aus. Sie spielt auf tiefklingenden Trommeln und mit Glöckchen mit hohen hellen Tönen. Auf einer Flöte spielt sie mit warmen Tönen eine ruhige Melodie. Lustige und beschwingte, langsame und schnelle Melodien entlockt Laura auch den anderen Instrumenten. Es ist ganz still im Raum und nach einer Weile fängt Laura an zu singen. Sie hat eine schöne klare Stimme, die in dem Raum wunderbar klingt.
Nachdem Laura auf allen Instrumenten gespielt hat, entdeckt sie noch eine Tür. Auch diese Tür öffnet sie mit ihrem goldenen Schlüssel. Als sie die Tür öffnet, strömen ihr verschiedene Düfte entgegen. Es riecht frisch und würzig und süß. Da erkennt Laura auch schon, daß es in diesem Zimmer wunderbare Dinge zum Essen gibt. Auf der einen Seite des Raumes stehen allerlei Körbe mit Obst wie Äpfel, Birnen, Trauben, Bananen, Kirschen und Erdbeeren. Auf der anderen Seite befinden sich Körbe mit verschiedenen Gemüsen wie Möhren, Rettiche, Tomaten, Paprika, Gurken und auch Brot. Laura verspürt auf einmal großen Hunger. Sie probiert nun von allem Gemüse etwas und ißt Brot dazu. Zum Nachtisch gibt es Obst, von allem etwas. Es schmeckt wie ein Obstsalat mit süßen und sauren Früchten, einfach köstlich. Nachdem Laura sich so richtig satt gegessen hat, entdeckt sie noch eine weitere Tür. Auch diese schließt sie mit ihrem goldenen Schlüssel auf. Laura ist überrascht. Der Raum ist beinahe dunkel. Vorsichtig tastet sie sich an den Wänden entlang. Als sie mit den Händen darüberstreicht spürt sie, daß sich die Wände unterschiedlich anfühlen. Da gibt es glatte und rauhe Stellen, manche fühlen sich weich und manche fühlen sich hart an. Auch der Boden ist völlig uneben. Um ihn besser fühlen zu können, zieht Laura Schuhe und Strümpfe aus. So läuft sie durch das ganze Zimmer. Dabei entdeckt sie auch, daß es wunderbare ku-

schelige Sitzgelegenheiten gibt, die mit Fell ausgelegt und weich wie Watte sind. Laura findet auch ein Bett, das wie eine Kuschelwolke aussieht. Da sie auf einmal Müdigkeit verspürt, legt sie sich in das Bett. Ach, ist das herrlich: Laura hat das Gefühl, als ob sie in einem Himmelbett liegen würde. Es dauert auch gar nicht lange und sie ist eingeschlafen. Es ist ganz ruhig im Raum und man hört nur ihre gleichmäßigen Atemzüge. Als Laura nach einer Weile wieder aufwacht, ist sie frisch und munter. Sie erhebt sich von ihrem weichen Bett und schließt die nächste Tür auf. Jetzt gelangt sie ins Freie, in ihren geliebten Wald. Laura muß sich erst einmal die Augen reiben. Sie kann es noch gar nicht fassen, was sie alles erlebt hat. Als sie sich noch einmal umdreht, um den Ausgang anzuschauen, ist sie erstaunt. Die Türe ist verschwunden. Sie findet keinen Höhlenausgang mehr. Trotzdem geht sie glücklich nach Hause. Hab ich das vielleicht alles nur geträumt, denkt sie, als sie abends im Bett liegt. Sie schaut in ihrer Tasche nach und spürt den Schlüssel.

4.14 Sandras Geheimnis

Sandra ist eben von der Schule nach Hause gekommen. Es war ein anstrengender Tag und Sandra ist ziemlich müde. In der Schule war es heute so laut, daß sie richtige Kopfschmerzen bekommen hat. Außerdem hat sie sich über ihre Freundin geärgert. Es war heute kein guter Tag für sie. Am liebsten würde sich Sandra jetzt ins Bett legen. Aber eigentlich, denkt sie, ist es schade, wenn ich bei dem schönen Wetter im Haus bleibe. Vielleicht tut es mir ganz gut, wenn ich an die frische Luft gehe. Draußen ist es warm und die Sonne scheint. So beschließt Sandra einen Spaziergang zu machen. Es ist gar nicht weit bis zu der Wiese, die Sandra so gerne mag. Dorthin macht sie sich jetzt auf den Weg. Auf der Wiese ist es sehr ruhig. Man hört nur das Zwitschern und Trällern der Vögel. Sandra genießt die Ruhe und den Gesang der Vögel und sie merkt, daß ihr das gut tut. Langsam spaziert sie durch das Gras und sie freut sich über die bunten Blumen, die Bienen und die Schmetterlinge. Sandra geht lange so dahin und ist ganz in Gedanken versunken, als sie auf einmal vor einem Berg steht. Wo ist sie denn hier gelandet? Sandra hat wohl geträumt, so daß sie gar nicht bemerkt hat, wohin sie geht. Diesen Berg hier vor ihr hat sie noch nie gesehen. Sandra wird neugierig. Sie überlegt, wie weit sie von dem Berggipfel aus wohl sehen könnte. Sicher hat man von dort oben eine wunderbare Aussicht. Der Berg ist ziemlich steil und Sandra weiß nicht, ob sie es bis zum Gipfel schafft, aber sie will es probieren. Sie steigt langsam den Berg hoch, damit sie nicht so schnell außer Atem kommt. Aber komisch, das Bergsteigen ist für Sandra gar nicht so anstrengend. Im Gegenteil: Je länger sie steigt, desto leichter fällt ihr das Laufen und als sie schon ziemlich weit oben ist, da schwebt sie fast. So etwas hat Sandra noch nicht erlebt. Als sie auf dem Gipfel angekommen ist, schaut sie sich erst einmal um. Wunderbar, diese Aussicht, denkt sie. Was man hier nicht alles sehen kann: Wald und Wiesen, Dörfer, Tiere, die auf den Wiesen weiden und noch vieles andere mehr. Sandra bleibt lange Zeit ganz ruhig stehen und schaut sich mit großen Augen um. Es ist ganz still um sie herum. Sie hört nur ihren ruhigen Atem.
Ach, denkt Sandra, wenn ich jetzt fliegen könnte, würde ich zu allem, was ich hier sehen kann, hinfliegen. Sandra hat den Gedanken gerade fertig gedacht, als sie spürt, wie sich ihr Körper von dem Berg erhebt und sie fortträgt. Ich fliege, juhu, ich fliege, jauchzt

Sandra. Wie ein Vogel fliegt sie durch die Luft. Der Wind trägt sie zur linken Seite, aber Sandra denkt, eigentlich möchte ich jetzt lieber nach rechts.
Sie hat den Gedanken gerade zu Ende gedacht, da dreht sich ihr Körper nach rechts. Da bemerkt sie, daß sie immer so fliegen kann, wie sie will, sie muß nur daran denken. Mal fliegt sie nun links, mal rechts, mal geradeaus, mal hoch, mal ganz tief und sie kann sogar Loopings und andere Kunststücke machen. Sie probiert alles mögliche aus. Das macht Spaß. Sandra genießt diese Freiheit und diese Ruhe nach dem anstrengenden Tag. Und was sie alles sieht von hier oben: Im Wald und auf der Wiese kann sie Hasen, Rehe und sogar Füchse erkennen. Auch Eichhörnchen und Wiesel sieht sie vorbeihuschen. Sandra beobachtet auch die Menschen bei ihrem Tun, sieht spielenden Kindern zu und vieles andere mehr.
Nachdem sie ein paar Stunden so geflogen ist, sehnt sie sich nach Hause zurück. Als sie wieder auf dem Berggipfel ankommt, steht dort auf einmal eine wunderschöne freundliche Gestalt. „Wer bist denn du," fragt Sandra erstaunt. „Ich bin eine Zauberfee, wie hat dir denn das Fliegen gefallen?" fragt sie das Mädchen. „Wunderbar," strahlt Sandra, „aber ich weiß gar nicht, warum ich auf einmal fliegen konnte." „Ich kann es dir erklären. Du konntest fliegen, weil du auf einem Zauberberg warst." Sandra bekommt große Augen. „Hat der Zauberberg vielleicht auch meine schlechte Laune weggezaubert?" „Ja, das hat er," antwortet die Fee. „Wenn ich wiederkomme und schlechte Laune habe, wird sie dann wieder weggezaubert und kann ich dann wieder fliegen?" fragt Sandra gespannt. „Das hängt von dir ab. Wenn du niemandem von dem Zauberberg erzählst, wirkt der Zauber. Sobald aber jemand anders davon weiß, ist der Zauber vorbei und du kannst nicht mehr fliegen und deine schlechte Laune nicht mehr wegzaubern. Der Zauber wirkt nur bei den Leuten, die den Berg selbst entdecken. Wenn du dieses Geheimnis für dich behältst, kannst du immer wieder hierherkommen und fliegen." „Ich werde es bestimmt nicht weitererzählen," verspricht Sandra. „Es ist so schön hier und ich möchte noch ganz oft hierher kommen." „Das freut mich," lächelt die freundliche Fee. Sandra verabschiedet sich nun gutgelaunt von der netten Frau und steigt fröhlich den Berg hinunter. So kommt es, daß sie nun immer, wenn sie schlecht gelaunt ist oder es ihr nicht gut geht, auf den Zauberberg steigt, und dann glücklich und zufrieden wieder herunterkommt. Von dem Geheimnis hat sie nie jemandem erzählt.

5. Stundenbilder

Die folgenden Stundenbilder sind als Beispiele für Unterrichts- bzw. Therapieeinheiten mit dem Schwerpunkt Entspannung zusammengestellt. Sie zeigen Möglichkeiten auf, aus den verschiedenen Praxis-Ansätzen entsprechende sich ergänzende bzw. aufeinander aufbauende Elemente zu kombinieren.

5.1 Stundenbild: Der Wald

Material: Ein Rollbrett ist ein 60 cm x 40 cm großes Brett, mit 4 Rollen an der Unterseite montiert. Die Schaumstoffbausteine sind ca. 30 x 20 x 15 cm und können aus Schaumstoffmatratzen geschnitten werden.

1. Wald putzen

Die Bausteine (Bäume) sind im Raum verteilt. Der Raum ist in zwei gleich große Hälften geteilt, durch eine (auf dem Rücken liegende) Rollbrettreihe. Die zwei Gruppen befinden sich in ihrem jeweiligen Feldern (Waldgebiet) und versuchen, innerhalb 3-5 Min. ihr Gebiet von den Bäumen zu säubern, indem sie die Bausteine ins gegnerische Feld werfen. Es soll nämlich der Wald von Abfallholz gesäubert werden.
Ziel: Ausagierphase

2. Fangspiel: Das Waldungeheuer

Während des Spiels werden immer mehr instabile Bäume (3-4 aufeinandergeschichtete Bausteine) im Raum aufgebaut. Langsam entsteht ein Zauberwald, in dem ein Ungeheuer wohnt. Die Kinder fahren auf Rollbrettern. Ein Kind ist der Fänger (Ungeheuer). Wenn ein Kind entweder vom Ungeheuer berührt wird oder wenn es einen Baum umgefahren hat, ist es verzaubert und muß solange neben seinem Rollbrett liegenbleiben, bis es von einem anderen Kind befreit wird.
Ziel: Die Ausagierphase führt über zu immer größerer Achtsamkeit und Reaktionsvermögen. Die abgeschlagenen und unachtsamen Kinder erhalten kurze erholende Pausen.

3. Transport

Endlich kann der Zauberwald abgebaut werden. Das Ungeheuer ist verschwunden. Die Kinder transportieren möglichst viele Bausteine (Bäume) auf ihrem Rollbrett in eine Raumecke, ohne daß Bausteine vom Rollbrett fallen.

Ziel: Der Transport erfordert Geschicklichkeit und Konzentration. Es wird gemeinsam aufgeräumt.

4. Mumien vergraben

Einige Kinder sind von der anstrengenden Arbeit so erschöpft, daß sie wie Mumien ruhig auf dem Boden liegen, ohne sich zu bewegen. Diese Mumien müssen jetzt mit dem Holz zugedeckt werden, damit sie nicht von den Aasgeiern entdeckt werden. Die Kinder, einzeln, zu zweit oder in der Kleingruppe, werden von der Restgruppe behutsam zugedeckt mit den Schaumstoffbausteinen, so daß kein Körperteil mehr zu sehen ist. Dazu können alle Bausteine als Hügel aufgeschichtet werden. Auf ein Signal hin (es wird laut bis 10 gezählt) werden die Mumien wieder lebendig und brechen aus.

Ziel: Die Ruhephase während des Eingegrabenwerdens kann je nach Entwicklungsstand des Kindes verkürzt oder verlängert werden.

Variation: Alle Kinder liegen ruhig und eng nebeneinander und werden zugedeckt.

5. Bettenbau

Nicht mehr so erschöpft wie die scheintoten Mumien, aber auch nicht mehr so energievoll wie bei der Waldarbeit anfangs, bauen sich die Kinder mit den Schaumstoffbausteinen (Holzstämme) Betten oder Häuser, für sich alleine oder für mehrere Kinder zusammen.

Die Kinder ruhen sich aus, sie besuchen sich gegenseitig oder sie liegen ruhig und hören einer Geschichte zu.

6. Geschichte: Die Flitzmaus

So wie du jetzt gerade daliegst, so, wie es für dich am bequemsten ist, so daß du dich weniger und weniger bewegst, nur noch die Atmung spürst, die deinen Bauch der deine Brust bewegt, und du dadurch ruhig wirst, so gelassen und entspannt und aufmerksam, daß du der Geschichte gut folgen kannst und noch ruhiger und

entspannter wirst, so wie du jetzt gerade daliegst, so geht es auch der Flitzmaus in der Geschichte .... Nur, sie kann nicht so ruhig wie du daliegen und zuhören, obwohl sie müde ist, nach dem ganzen Tag, an dem sie mit Freunden gespielt hat. Sie versucht einzuschlafen, aber irgend etwas ist nicht in Ordnung. Was ist es nur? Flitzmaus überlegt: Bin ich vielleicht zu aufgeregt, weil das Spielen so spannend, war? — Nein, das ist es nicht, wir haben doch am Schluß ganz ruhig Mama, Papa, und Baby gespielt. Oder hat mich heute eine andere Maus geärgert, so daß ich jetzt noch darüber ärgerlich bin? Nein, das ist es nicht, heute waren doch alle Mäuse nett zu mir und eine kleine graue Maus hat mich sogar ein bißchen mit ihren Schnauzbarthaaren gestreichelt. Oder habe ich morgen vielleicht Geburtstag, daß ich jetzt schon aufgeregt bin? Nein, das ist es auch nicht, ich hatte doch vor ein paar Wochen erst Geburtstag, da habe ich doch diese schöne bunte Spielzeugmaus zum Aufziehen geschenkt bekommen, und alle Mäuse haben ein langes Geburtstagslied für mich gesungen. Oder habe ich vielleicht gerade Angst vor etwas? Nein, das ist es auch nicht, ich liege doch hier in meiner sicheren Mäusehöhle, und die Katze ist doch gestern erst in Urlaub gefahren. Nein, Angst habe ich keine. Aber warum kann ich dann jetzt nicht einschlafen. Irgend etwas ist nicht in Ordnung. Was ist es nur? Die Flitzmaus dreht sich auf die linke Seite, die Flitzmaus dreht sich auf die rechte Seite, die Flitzmaus dreht sich auf den Rücken und kneift die Augen ganz feste zu. Sie schläft nicht ein. Die Flitzmaus dreht sich auf den Bauch und dann sieht sie es: Ihr Bett ist ganz verdrückt und hart und unbequem. Schnell steht sie wieder auf und holt etwas Laub von den Bäumen, etwas Gras von der Wiese, etwas Moos von dem Waldboden und etwas Stroh aus dem Stall zum Zudecken. Zum Schluß holt sie noch zwei duftende Blumenblüten, die sie links und rechts neben ihr Bett legt. Flitzmaus kriecht unter ihre Decke und macht es sich in ihrem kuscheligem weichem Bett bequem. Und als sie gut liegt, schläft sie schon ein und man hört nur noch ihre regelmäßigen und ruhigen und tiefen Atemzüge. — Am nächsten Morgen wacht Flitzmaus frisch und munter auf, reckt sich und streckt sich, gähnt noch zweimal tief und öffnet langsam ihre Augen. Sie steht auf und ist neugierig, was sie heute alles erleben wird.

Variation: Es kann Punkt 1. oder 2. ausgelassen werden. Punkt 5. und 6. könnten auch vertauscht werden, so daß die Kinder erst nach der Geschichte alleine oder gemeinsam ein Bett/ein Haus bauen.

5.2 Stundenbild: Das Auto

1. Auto fahren

Die Kinder liegen auf dem Boden. Jedes Kind wird an bestimmten Körperteile berührt und bewegt (Der Automechaniker setzt das Auto zusammen). Die Kinder erhalten symbolisch ihren Autoschlüssel und starten gemeinsam. Die Kinder (Autos) dürfen so schnell und so laut wie sie wollen, herumlaufen. Verschiedene Signale werden abgesprochen und schrittweise eingeführt:

- Autofreier Sonntag – zurück in die eigene Garage und ausruhen

- Benzintank leer – sofort stehenbleiben oder hinlegen und warten, bis Tankwart mit dem Benzinkanister kommt

- Benzinuhr ist im roten Bereich = sofort an der Tankstelle tanken (z.B. Seil durchs rechte Hosenbein ziehen ...).

- Autounfall, wenn zwei Kinder sich berühren = beide Autos müssen warten, bis sie von anderen Autos in die Werkstatt abgeschleppt werden bzw. müssen selber in die Werkstatt kommen. Dort erspüren und benennen sie im Liegen mit geschlossenen Augen drei Körperstellen, an denen sie berührt werden.

- markierte Straßen, Straßenkreuzungen werden benutzt. Wer die Straßenbegrenzung überschreitet, muß in die Werkstatt abgeschleppt werden. Es gibt breite Autobahnen, enge Kurvenstraßen, langsame Holperstraßen (sich hüpfend fortbewegen) und Schlammstraßen (Waschanlagenpflichtig).

- Polizeikontrolle – Kind legt sich auf den Boden. Es wird an den Händen und Füßen untersucht (Reifenkontrolle). Es muß die Augen zumachen und wieder aufmachen (Scheinwerferkontrolle). Es atmet langsam lange aus (Alkoholtest).

- alle Reifen sind platt – das Kind sinkt langsam zu Boden. Wenn es aufgepumpt wird, atmet es tief ein und aus, während es sich langsam größer und größer macht. Sind die Reifen zu prall gefüllt, muß wieder am Ventil (rechter kleiner Finger) leicht gedreht werden.

Ziel: Wechsel zwischen z.T. geregeltem Ausagieren und entspannender Körperwahrnehmung

2. Zündschlüsselsuche

Alle Kinder (Autofahrer) haben plötzlich ihren Zündschlüssel verloren. Sie setzen sich alle auf einen/zwei Mattenwagen, fahren damit durch den Raum und suchen die verlorenen Zündschlüssel (z.B. Wäscheklammern) für alle Kinder. Erst wenn alle Kinder ihren Zündschlüssel wieder haben, dürfen die Kinder als Autos zur gleichen Zeit starten und durch den Raum rennen.
Ein Zündschlüsseldieb klaut oder sammelt die Zündschlüssel, bzw. auf ein Signal hin werden sie von den Kinder selber versteckt für die erneute gemeinsame Suche.

Ziel: Wechsel zwischen freiem Ausagieren und gemeinsamer konzentrierter Suche.

3. Autowaschanlage

Nach dem langen Wochenende sind jetzt alle Autos schmutzig. Sie benötigen unbedingt eine Wäsche.
Die Kinder bilden zwei gegenüberstehende Reihen (Waschanlage). Sie berühren auf unterschiedliche Art das Kind (Auto), das langsam (oder schneller) die Waschstraße durchläuft oder auf einer Decke gezogen wird. Das Kind (Auto) gibt bekannt, ob es sehr schmutzig ist, oder nur eines zarten Polierens bedarf. Es darf die besonders pflegebedürftigen Stellen nennen. Zum Waschen können auch Bürsten, Tücher, Felle ... benutzt werden. Die Waschanlage kann auch

aus 4-6 Einzelstationen bestehen, die hintereinander durchlaufen werden. Jede Einzelstation hat eine besondere Waschtechnik (Möglichkeit der Kurzmassage).
Ziel: Entspannung durch Körperwahrnehmung
Variation: Punkt 2. und 3. können in Punkt 1. als Signal integriert werden. Bei geübteren Gruppen kann auf gemeinsame Signale verzichtet werden. Das einzelne Kind wählt nach seinen Bedürfnissen die einzelnen Möglichkeiten. Die Stationen (Waschanlage, Tankstelle, Werkstatt, Polizeikontrolle, Aufpumpservice) werden ständig von Erwachsenen oder Kindern betrieben.

5.3 Stundenbild: Trampolin

Das große Trampolin muß im Aufbau von allen Seiten abgesichert sein (durch Weichbodenmatten oder abgepolsterte Wände. Es dürfen maximal 3-4 Kinder auf dem Trampolin springen, oder ca. 6 Kinder auf dem Trampolin sich liegend aufhalten. Wenn ein Luftkissen (Airtramp) verwendet wird, können 10-15 Kinder mitspielen.

1. Freies Springen

Die Kinder springen auf dem Trampolin im Stehen. Jedes Kind, das hinfällt, das die Randbegrenzung oder ein anderes Kind berührt, muß neben das Trampolin auf einer Matte liegen (Reparaturwerkstatt). Es muß mit geschlossenen Augen drei Körperstellen erspüren, zeigen oder benennen können, damit es wieder Springen darf.
Ziel: Ausagierphase, mit kurzen erholenden Körperwahrnehmungspausen.

2. Donner und Regen

Die Kinder springen, ohne sich zu berühren. Auf ein Signal hin (Händeklatschen oder Blecheimerschlagen als Donner) fallen alle Kinder hin, bzw. bleiben erstarrt (verzaubert) stehen. Erst wenn sie das leise Regentröpfeln (Fingerbewegungen auf Blecheimer, Zungenschnalzen) hören, dürfen sie wieder springen.
Ziel: Wechsel zwischen Ausagier- und Ruhephasen

3. Die Kobolde und der Baum

Durch den vielen Regen konnte ein Baum wachsen. Das gefiel den Kobolden nicht. Ein Kind (Baum) steht fest verwurzelt in der Mitte des Trampolins. Die anderen Kinder (Kobolde) versuchen mit Springen, den Baum zu Fall zu bringen, ohne ihn zu berühren. Nach 1 Min. wird ein anderes Kind Baum.

Ziel: Die Kobolde in der Ausagierphase, der Baum in der Phase von Konzentration, Anspannung und Reaktionsvermögen.

4. Die Wellengeschichte

Schließlich sind die Kobolde erschöpft und wollen eine Schiffsreise machen. Die Kinder liegen oder sitzen auf dem Trampolin. Der Erwachsene steht in der Mitte und wippt, je nach Geschichtsablauf, das Tuch sanft oder heftiger.

„Ihr liegt auf einem Schiff und macht eine Reise mit dem Schiff über das Meer. Es ist Nachmittag. Es ist schön, auf dem Deck zu liegen. Es ist ruhig. Du spürst das ruhige Vibrieren der Schiffsmotoren und das sanfte Hin- und Her-Schaukeln der Wellen. Die Sonne scheint, ihre Strahlen berühren deinen einen Arm. Er wird langsam wärmer und wärmer. Ihre Strahlen berühren deinen anderen Arm. Er wird langsam wärmer und wärmer. Die Strahlen der Sonne berühren dein eines Bein. Es wird langsam wärmer und wärmer. Die Strahlen der Sonne berühren dein anderes Bein. Es wird auch langsam wärmer und wärmer. Die Strahlen der Sonne berühren deinen Bauch. Auch er wird langsam wärmer und wärmer. Du fühlst dich wohl und spürst die Wellen, die dich sanft hin- und her schaukeln. Die Wellen werden etwas größer. Am Himmel erscheint eine dunkle Wolke. Ein Wind kommt auf. Es wird frischer. Die Sonne verschwindet hinter der dunklen Wolke, die größer und größer wird. Die Wellen werden immer heftiger. Ein Sturm kommt auf. Die Wellen werden mannshoch. Paßt auf, daß ihr nicht über Bord fallt. Haltet euch am Tuch oder gegenseitig fest, damit euch nichts passieren kann. Und plötzlich ist wieder alles ruhig. Die dunklen Wolken sind verschwunden, alle Passagiere legen sich wieder gemütlich hin. Der Sturm ist vorbei. Wir können tief ausatmen. Endlich können wir wieder ausruhen und entspannen. Die Sonne strahlt wieder und wärmt unsere Arme, unsere Beine und unseren Bauch, daß wir uns ganz wohl fühlen. Die Wellen schaukeln sanft und wiegen dich fast in den Schlaf, so ruhig und regelmäßig. Die Wellen werden ein bißchen größer. Sie werden ein bißchen heftiger. Ein kleiner Wind streicht über unsere Körper, und über das Schiff. Die Wellen werden noch ein bißchen heftiger und ... flauen wieder ab, werden kleiner und ruhiger und sanfter. Der Himmel ist immer noch blau, die Sonne scheint, es war doch kein Sturm. Alles ist ruhig auf dem Meer. Alles ist ruhig auf dem Schiff. Doch plötzlich wackelt das Schiff sehr heftig, beinahe kippt es um, es gibt hohe Wellen, das Meer tobt. Haltet euch fest, damit ihr nicht über Bord fallt. Und noch einmal wackelt das Schiff, und noch einmal und noch einmal. Und dann ist alles wieder ruhig. Kleine, sanfte regelmäßige Wellen. Der Himmel ist immer noch blau. Es war also kein Sturm. Was war es dann? Weit vom Schiff entfernt sieht man noch einige Walfischflossen, die davonschwimmen. Alle Passagiere legen sich wieder gemütlich hin. Kein Walfisch ist mehr zu sehen. Wir können tief ausatmen. Endlich können wir wieder ausruhen und entspannen. Die Sonne strahlt und wärmt unseren ganzen Körper, so daß wir uns wohlfühlen. Die Wellen schaukeln sanft und wiegen dich fast in den Schlaf, so ruhig und regelmäßig ... Und dann, du hast es kaum gemerkt, hat das Schiff den Hafen erreicht, du bist angekommen. Du reckst und streckst dich, gähnst vielleicht noch einmal und stehst auf.

Ziel: Wechsel zwischen Anspannung (vestibulärer Stimulation) und Entspannung

5. Der Kreis

Zum Abschluß stehen die Passagiere auf dem Schiff im Hafen. Sie wollen sich gegenseitig halten, damit ihr Kreis möglichst lange stehen bleiben kann. Fällt er auseinander, müssen sie das Schiff verlassen.

Die Kinder stehen im Kreis auf dem Trampolin, halten sich an den Händen, mit den Füßen fest verankert (sie dürfen das Tuch nicht verlassen) und wippen gleichzeitig im gleichen Rhythmus solange wie möglich, bis ein Kind umfällt.

Ziel: Gemeinsamer Abschluß. Die Kinder halten und helfen sich, damit die Gruppe möglichst lange springen kann.

Variation: Punkt 1.-3. können vertauscht, verändert oder einzeln auch ausgelassen werden. Die Geschichte (Punkt 4.) kann durch Wiederholungen verlängert oder durch andere Vorkommnisse erweitert werden. Die Stunde kann durch eine kurze Gesprächsrunde abgeschlossen werden (Habt ihr die Wärme der Sonnenstrahlen auf eurem Körper gespürt, wohin ging eure Reise, wo seid ihr angekommen, wer war dabei, seid ihr abgeholt worden, was habt ihr dann gemacht ...)

oder durch den Kreis (Punkt 5.).

5.4 Stundenbild: Das Krankenhaus

1. Fangspiel: Der Krankentransport

Der Fänger (Wespe) versucht die Kinder zu stechen. Werden die Kinder abgeschlagen, müssen sie (verletzt) auf dem Boden liegend warten, bis sie von zwei Kindern (Sanitätern mit Blaulichtsirene) zu einer Turnmatte (Krankenhaus) gebracht werden. Nach kurzer Zeit sind sie wieder gesund. Sobald zwei Kinder einen Verletzten ins Krankenhaus tragen, dürfen sie nicht abgeschlagen werden.

Ziel: Das Ausagieren wird durch kurze passive Ruhephasen unterbrochen. Die Kinder lernen, sich gegenseitig zu helfen.

2. Der Verband

Durch einen Massenunfall werden alle Kinder gleichzeitig verletzt und befinden sich jetzt im Krankenhaus.
Alle Kinder bekommen mit einer elastischen Binde (Tuch) den rechten Arm verbunden. Innerhalb der 2 Minuten „Besuchszeit" zeigen sie sich gegenseitig ihren Verband oder betrachten ihn im Spiegel.
Der Verband wird abgewickelt, der rechte Arm ist wieder gesund. Dann wird der linke Arm verbunden. Dann das rechte Bein, dann das linke Bein. Dann der Bauch, dann der Kopf.
(Zum Bewußtmachen der Körperseite/Lateralität wird die Hand, der Arm, der Fuß, das Bein nur einer Seite verbunden.)
Es können auch Holzstäbchen zum Schienen und schwere Gegenstände zum Beschweren verwendet werden.

Ziel: Die Wahrnehmung der einzelnen Körperteile oder der Körperseite

3. Der Doktor

Die Kinder müssen genauer untersucht werden. Die halbe Gruppe wird Patient, die andere Hälfte wird Doktor.
Ein Kind (Patient) liegt auf dem Rücken. Der Partner (Doktor) legt ein kleines Sandsäckchen oder seine Hand auf den Bauch, den Brustkorb des Patienten und beobachtet (evtl. zählt) dessen Atembewegungen. Er kann auch mit einem Hörrohr den Körper abhören.
Der Doktor versucht, den Puls an verschiedenen Körperteilen zu fühlen. Der Puls wird schneller und besser ertastbar, wenn der Patient kurze Zeit schnell herumgerannt ist.

Ziel: Entspannung durch Erspüren der Atmung und konzentrierte Wahrnehmung als Doktor

4. Geschichte: Der Unfall

Es wird Abend. Damit die Kinder besser einschlafen können, fragen sie die Krankenschwester (-pfleger), ob sie nicht noch eine Gute-Nacht-Geschichte erzählt bekommen. Sie legen sich ganz ruhig in ihre Betten. Die Krankenschwester zupft noch etwas an der Bettdecke zurecht, klopft ein Kopfkissen zurecht, streicht jedem Kind vorsichtig über die Haare und beginnt dann zu erzählen:
siehe Kapitel: Geschichtensammlung, z.B. „Der Unfall".

5.5 Stundenbild: Entspannungsräume

Ähnlich den Bewegungsräumen (siehe Köckenberger, 1996) können auch Entspannungsräume eingerichtet werden, die den Kindern mehr Freiraum und Selbstverantwortung im Handeln, Erleben und Lernen von Entspannung zugestehen, im Vertrauen auf eine eigenständige Entwicklungsfähigkeit des Kindes bei entsprechendem Angebot. Der Raum ist vorstrukturiert mit entspannenden Materialien oder Spielsituationen an verschiedenen Stationen.

A. Die Stationen, als sinnvoller Parcours angelegt, werden nacheinander von den Kindern benutzt. Entweder bauen die einzelnen Stationen methodisch aufeinander auf oder sie beinhalten eine Abwechslung von Anspannung, Konzentration und Entspannung.

Beispiel: Indianerleben

1. Station Anschleichen: Die Indianer schleichen einzeln an einem Wärter vorbei, um sich einen Talisman zu klauen. Sie müssen wieder zurück zu einem erneuten Versuch, falls der Wärter sie hört/bemerkt.

    Variation: Der Anschleichweg kann mit Hindernissen (Blechdosen, quergespannte Wollfäden) oder mit am Indianer befestigten Glöckchen erschwert werden.

2. Station Massage: Die Indianer mit Talisman werden an speziellen Körperteilen eingecremt, um unverwundbar zu werden.

3. Station Geschichte: Die eingecremten Indianer hören einer Indianer/Tier-Kurzgeschichte zu oder sie lernen ein kurzes Indianergedicht/-lied.

4. Station Ringkampf (siehe 2.8.1): Zwei Indianer kämpfen freiwillig auf einer Matte gegeneinander, um den Gegner auf die Schultern oder ihn von der Matte zu bringen.

    Variation: Mehrere Indianer kämpfen jeder gegen jeden gleichzeitig auf der Matte. Wer von der Matte kommt, scheidet aus.

1. Station Anschleichen: Die Indianer benötigen wieder einen neuen Talisman ....

B. Die Kinder wählen selbständig die ihnen entsprechende Station aus. Sie wechseln auf Signal oder selbständig zu einer anderen Station.

Beispiel: Autoleben

Die Kinder bewegen sich auf Rollbrettern, rennen in selber gehaltenen Reifen oder ohne Material durch den Raum, auf angezeichneten Schnell/Holper/Kriechstraßen, durch Tunnels, ruhen sich in eigenen oder Gemeinschafts-Garagen aus und besuchen selbständig die Stationen: Tankstelle, Luftdruck, Waschanlage, Werkstatt, Nummernschild etc. Möglich sind auch Führerscheinkontrollen, Alkohol-Blasetest und Ampelsystem (siehe auch 5.2 und 2.2).

Beispiel: Dschungelleben

Aufgebaut sind Kletter-, Balancier- und Sprungmöglichkeiten auf einer Raumseite, Kuppelzelte gefüllt mit Fellen, ungesponnener Wolle, kleinen Plastikbällchen oder Decken, Höhlen und Tunnels aus Tischen und Matratzen auf der abgedunkelten anderen Raumseite. Es kann auch Hängematte, Schaukelstuhl, Kuschelecke (unterm aufgespannten Fallschirm), eine Gestaltungsecke (Malen, Kneten...) und eine Dschungelmärchenecke (im orientalisch ausgekleideten Zelt o.ä.) angeboten werden. (Wichtig ist die exakte und klare Trennung zwischen Ruhe- und Tobezone mit Hilfe von Trennwänden, Abdunkelung, leiser Musik).

In den Entspannungsräumen ist zu beachten, daß

– die einzelnen Stationen und Räume kind- und entwicklungsorientiert vorbereitet werden,

– die einzelnen Stationen immer weniger Kontrolle und Hilfe durch den Erwachsenen benötigen und dadurch das erwachsenenzentrierte Lernen aufgegeben werden kann,

– die Kinder schrittweise an dieses selbständige und eigenverantwortliche Spielen und Lernen herangeführt werden müssen,

– die Kinder das Spiel und das Spielmaterial sinngerecht verwenden,

– bei zu vielfältigem Spiel- und Materialangebot die Gefahr der Überforderung und Reizüberflutung besteht und die Förderung von Entspannung verhindert wird.

In diesem Sinne können viel Spiele aus den vorangegangenen Kapiteln umgewandelt und verwendet werden.

5.6 Stundenbild: Duftmassage

Vorbereitung des Raumes

Der Raum ist angenehm temperiert, auf dem Boden befindet sich eine Wolldecke, duftendes Massageöl und ein Cassettenrecorder, Schild „Bitte nicht stören" an die Tür hängen.

Durchführung

Das Kind liegt ausgezogen – soweit es dies zuläßt – auf dem Rücken auf einer Wolldecke.
Der Erwachsene gibt von dem Massageöl auf seine Hände und beginnt auf der Brust mit langsamen gleichmäßigen Bewegungen bis zur Hüfte zu massieren. Anschließend wird diagonal von der rechten Schulter bis zur linken Hüfte und von der linken Schulter bis zur rechten Hüfte gestrichen. Dabei bleibt immer eine Hand auf dem Körper des Kindes.
Die Arme werden massiert, indem sie entweder längs bestrichen werden oder der Erwachsene den Arm des Kindes quer in die Hände nimmt und mit den Händen in Gegenrichtung massiert. Die Finger werden einzeln massiert. Die Beine werden auf die gleiche Art und Weise wie Arme, der Rücken wie der Bauch behandelt. (Ähnlich wird die Leboyermassage durchgeführt).
In die Duftmassage kann auch eine Fußreflexzonenmassage integriert werden. (Siehe Massage- und Taktilspiele)
Zum Schluß wird mit Einverständnis des Kindes das Gesicht mit Duftöl eingerieben.
Nach Beendigung der Massage wird das Kind mit einer Decke zugedeckt und bleibt noch so lange liegen, wie es mag.
Die Massage kann so durchgeführt werden, daß die Körperteile, die nicht massiert werden mit einer Decke zugedeckt sind. Das Kind kann aber auch unbedeckt auf einer weichen Unterlage liegen.
Während der Massage ist es ruhig im Raum. Es spielt nur leise Entspannungsmusik.

5.7 Stundenbild: Traumstunde

Vorbereitung des Raumes

Im Raum verteilt liegen für jedes Kind zwei Decken und ein Kissen bereit. Jeweils eine Decke zum Draufliegen und eine zum Zudecken. Der Raum ist abgedunkelt, es riecht angenehm nach Duftöl. Für jedes Kind steht ein Tisch bereit, auf dem sich ein Blatt und Wachsmalstifte befinden, außerdem ein Stuhl. Der Raum ist angenehm temperiert. Die Kinder werden vor Beginn der Stunde auf die Toilette geschickt. An der Tür hängt ein Schild „Bitte nicht stören.

Durchführung

Die Kinder ziehen die Schuhe aus und legen sich auf den Zauberteppich (Wolldecke) und auf das Traumkissen und werden dann mit der zweiten Decke zugedeckt.
Brillen und sonstige störende Gegenstände werden weggelegt.
Der Erwachsene beginnt zu erzählen: „Du liegst jetzt auf einem weichen kuscheligen Zauberteppich. Unter deinem Kopf befindet sich ein Traumkissen.
Du spürst den weichen kuscheligen Zauberteppich überall an deinem Körper: An den Füßen, den Unterschenkeln, den Oberschenkeln, dem Rücken, den Händen, Unterarmen, Oberarmen, Schultern und unter dem Kopf das weiche Traumkissen. ,
Du vergißt jetzt alles was dich ärgert und denkst nur an schöne Dinge. Ein Zauberer kommt jetzt und wird dich verzaubern.
Er verzaubert jetzt dein rechtes Bein, daß es ganz schwer und müde wird. Ganz schwer liegt es auf dem weichen kuscheligen Zauberteppich. Auch dein linkes Bein wird schwer und müde. Rücken, Arme, Schulter, Kopf werden müde. (Die genannten Körperteile werden mit der Hand des Erwachsenen bestrichen.) Auch deine Augen werden ganz müde und fallen jetzt zu. (Die Kinder werden nicht gezwungen, die Augen zu schließen). Dein ganzer Körper liegt jetzt müde und entspannt auf dem kuscheligen Zauberteppich. Unter deiner Decke ist es angenehm warm. Du fühlst dich sehr wohl. Du hörst deinen ruhigen Atem. Ganz ruhig atmest du ein und aus, ein und aus. Du spürst, wie dein Bauch beim Einatmen dick und beim Ausatmen dünn wird. Du kannst es mit deinen Händen fühlen. Du spürst jetzt, wie sich dein Zauberteppich vom Boden löst und dich hoch und immer höher trägt. Er trägt dich weit, weit fort, bis zu einem Bauernhof in der Nähe des Waldes.

(Zu Beginn der Geschichte erklingt leise Entspannungsmusik).
Bei dem Bauernhof befindet sich eine große grüne Wiese ...

Das Gänsekind

In der Nähe des Waldes auf einem schönen Bauernhof lebt eine große Gänsefamilie. Wenn die Gänse aus ihrem Stall herausgehen, kommen sie auf eine große grüne Wiese mit vielen bunten Blumen. Die Gänsekinder spielen gerne auf dieser Wiese, denn sie haben viel Platz zum Rennen und Toben.
Manchmal toben sie so viel, daß sie ganz außer Atem sind und vor Anstrengung fast umfallen. Da sagt die Mutter: „Jetzt legt euch erst mal eine Weile hin und ruht euch aus, damit ihr wieder Kraft bekommt." Die Gänsekinder wollen bei dem schönen Wetter aber nicht in den Stall gehen zum Schlafen. Sie legen sich lieber auf die Wiese. Dabei spüren sie überall um ihren Körper Grashalme. Das ist richtig schön. Die Mutter sagt: „Nun atmet einmal ganz tief die gute Luft ein und dann wieder aus. Das wird euch gut tun". Die Gänsekinder tun, wie ihnen ihre Mutter gesagt hat. Dabei spüren sie, wie ihr Bauch beim Einatmen ganz dick und beim Ausatmen ganz dünn wird. Nachdem sie mehrmals ganz tief ein- und ausgeatmet haben, spüren sie, daß sie wieder Kraft bekommen und daß sie sich wohl und ausgeruht fühlen.
Die Mutter sagt: „Spürt ihr auch die warmen Sonnenstrahlen auf eurem Körper?" „Ja," antwortet ein Gänsekind, „das ist richtig schön. Ich spüre, wie mein Körper ganz warm wird. Ich möchte noch eine Weile so liegen bleiben und die warmen Sonnenstrahlen auf meinem Körper spüren und gar nichts reden." Auf einmal ist es ganz still. Alle Gänsekinder liegen ruhig da und man hört nur, wie sie tief ein- und ausatmen.
Nach einer Weile fühlen sie sich wieder ganz frisch und tollen lustig auf der Wiese herum.
Eines Tages merken die Gänsekinder, daß ihre Mutter gar nicht mehr viel Zeit für sie hat. Sie bleibt jetzt öfter im Stall, weil sie Eier ausbrüten muß. Sie sollen nämlich bald Geschwisterchen bekommen. Nach ein paar Tagen ist es dann soweit. Die Gänsekinder haben fünf Geschwisterchen bekommen. Sie sehen noch richtig nackt aus, weil sie noch keine Federn haben, wie ihre älteren Geschwister. Es sieht lustig aus, wie sie noch etwas unsicher über das Gras tapsen. Nur ein Gänsekind ist etwas anders, als die anderen. Es

kippt beim Laufen immer wieder um und ist viel langsamer als die anderen. Die Mutter schaut es besorgt an. Nachdem sie es einige Zeit beobachtet hat, stellt sie fest, daß es ein kürzeres Bein hat und humpelt. Es kann deshalb auch nicht so schnell laufen wie die anderen und stürzt oft.
Den anderen Gänsen ist es zu langweilig mit dem kleinen kurzbeinigen Geschwisterchen zu spielen. Es kann ja nicht so schnell laufen und sie können nichts mit ihm anfangen. Das kleine Gänslein ist deshalb nun oft alleine und traurig. Keiner will mit ihm spielen. Die Mutter aber hat festgestellt, daß ihr Kleines etwas Besonderes ist. Sie hat beobachtet, daß es besonders gut sehen kann und daß es Körner findet, die die anderen gar nicht sehen.
Eines Tages fängt das Kleine fürchterlich an zu schreien, so daß die anderen alle ganz erschrocken zusammenlaufen. „Was schreist du denn so," fragen die Geschwister ärgerlich. „Da hinten kommt der Fuchs," ruft das kleine Gänslein ganz aufgeregt, „er will uns sicherlich fressen."

„Wo ist er," fragen die anderen, „wir sehen keinen Fuchs, du willst uns wohl ärgern." Da sagt die Mutter streng: „Wenn Ina" – so heißt das kleine Gänslein – „es sagt, dann ist es auch so. Sie hat nämlich besonders gute Augen. Das habt ihr nur noch nicht bemerkt. Marsch, in den Stall, sonst kommt der Fuchs und frißt euch." Schnell watscheln die Gänse in den Stall. Als sie zum Fenster rausschauen, sehen sie tatsächlich den Fuchs kommen. Der schaut sich auf der Wiese um, ob nicht irgendwo ein Gänslein wäre. Als er aber keines entdecken kann, zieht er mißmutig wieder ab.

Die Gänsekinder sind nun sehr froh, daß sie ein Geschwisterchen haben, das so gut sehen kann. Sie wissen, daß es ihnen das Leben gerettet hat. Sie finden auf einmal, daß das Gänslein mit dem kurzen Bein eigentlich ganz nett ist, und daß es genauso zu gebrauchen ist, wie die anderen auch. Das eine kann eben gut laufen und das andere kann besonders gut sehen. Jedes ist auf seine Art wichtig.

(Am Ende der Geschichte klingt die Musik langsam aus.)

Du fliegst mit deinem Zauberteppich wieder zurück und landest hier im Zimmer. Ein Zauberer kommt und weckt dich auf. (Mit den Händen über den Körper des Kindes streichen.) Langsam öffnest du deine Augen. Du regst und streckst dich ganz kräftig, damit du wieder richtig wach wirst. Wenn du willst, kannst du auch gähnen. Langsam stehst du auf und setzt dich an den Tisch. Jetzt kannst du irgend etwas aus der Geschichte malen. (Während dieser Zeit ist es still im Raum). Nach ca. 15 Minuten treffen sich alle mit ihren Bildern auf den Decken, die nun zusammengefaltet im Kreis auf dem Bodenliegen. Die Kinder zeigen nun der Reihe nach ihre Bilder und kommentieren das Gemalte (dabei wird die Geschichte wiederholt), indem sie auf Cassette sprechen.

Die Geschichte kann auch auf Erlebnisse der Kinder bezogen und mit entsprechenden Fragen verbunden werden z.B.

- wurdest du auch schon einmal von anderen abgelehnt, wenn ja, warum
- wie hast du dich dabei gefühlt
- wie hast du dich verhalten
- es kann auch ein Rollenspiel durchgeführt werden, bei dem die Kinder die Rolle eines Behinderten oder irgendeines Außenseiters einnehmen

Methodische Hinweise für die Traumstunde

a) Allgemeines zum Ablauf

Für das Erzählen der Traumgeschichte ist es wichtig, daß im Raum eine angenehme Atmosphäre herrscht. Es sollte deshalb folgendes beachtet werden:

- Der Raum sollte sich in ruhiger Lage befinden und angenehm temperiert sein.
- Der Raum ist abgedunkelt.
- Für jedes Kind gibt es ausreichend Platz.
- Für jedes Kind stehen ein Tisch und ein Stuhl bereit, außerdem zwei Decken, eine zum Draufliegen und eine zum Zudecken, außerdem ein Traumkissen.
- Das Kind kann aber auch folgendermaßen liegen: In Hängematte, Schaukelstuhl, Sofa, Kuschelecke, Zelt, Höhle, Trampolin, Turnmatte, Weichbodenmatte.
- Schild „Bitte nicht stören" an die Tür hängen.
- Der Zeitpunkt der Traumstunde sollte nicht vor oder nach wichtigen Ereignissen stattfinden, da die Kinder sonst sehr unruhig sind.
- Vor der Stunde auf die Toilette gehen.

b) Beginn der Traumstunde

Vor dem Erzählen der Geschichte empfiehlt es sich, Körperwahrnehmungsspiele durchzuführen, wie z.B.:
- Anspannen / Entspannen einzelner Körperteile (Roboter/Pudding)
- Körperreise (siehe 2.3)
- Elemente aus dem Autogenen Training

c) Geschichte

Beim Erzählen sollte folgendes beachtet werden:
- Immer mit gleichem Anfang als Einleitung der Geschichte beginnen, evtl. auch immer ähnliches Ende.

- Die Einstiegsmöglichkeiten können auch kombiniert werden, ebenso die Ausstiege.
- Am Ende der Stunde die Kinder immer aus der (Tiefen)entspannung in die Realität zurückholen, so daß sie sich wieder energievoll, kraftvoll und frisch fühlen.
- Der Ablauf sollte immer gleich/ähnlich sein.
- Die Geschichte kann auch Feedback von Erlebtem sein, Probleme aufgreifen, einzelne Situationen mit Bestärkung nacherleben lassen, Dinge verdeutlichen, bewußt machen.
- Nach der Geschichte sollten die Kinder die Möglichkeit des Ausdrückens haben (Siehe: „Ende der Traumstunde").

d) Inhalt

Beim Inhalt der Geschichte ist folgendes zu beachten:
- Die Geschichten sollten nicht zu aufregend und zu sprunghaft sein (zu viele Reize). Bei Anfängern allerdings können zu wenig Reize zu mangelnder Motivation beim Zuhören führen. Der Gesamtspannungsbogen muß dem Konzentrations- und Entspannungsniveau der Kinder angepaßt sein. Je weniger attraktive Elemente nötig sind, desto mehr einschläfernde und stimulierende Botschaften sind möglich (Tiefenentspannung statt reines Zuhören). Das Kind soll langsam vom oberflächlichen Zuhören zur Tiefenentspannung mit Inhalten geführt werden.
- Es sollte immer positive Energie geschaffen werden (erfrischt aufwachen, Ärger abladen), außerdem sollten positive Botschaften vermittelt werden (es ist gut so, wie ich bin, ich schaffe es, ich werde geliebt, ich habe Freunde, Menschen verstehen mich).
- Es sollten Elemente des Autogenen Trainings eingebaut werden wie: Schwere, Wärme, Ruhe einzelner Körperteile, des gesamten Körpers. Dies sollte langsam stundenweise aufgebaut und wiederholt werden, bis nur noch Reizworte genügen, um den Zustand herzustellen.
- In die Geschichte sollten tiefe und erleichternde Atemzüge eingebaut werden (Seufzen, Stöhnen, tief Luft holen beim Nachdenken, Ausatmen ...).

- Es sollten Freiräume eingebaut werden, die selber gefüllt werden können. Außerdem können Fragen beantwortet und sehnlichste Wünsche genannt werden, sowie Freunde, Heimat, angsterregende Gegner oder Situationen (Schulstreß, Ärger in der Familie ...) erscheinen.
- Jede Geschichte sollte ein Hauptthema besitzen, das wiederholt wird, aber aufbauende Elemente und Variationen besitzt. Für die Kinder gilt folgendes: Altes gibt Sicherheit, Neues schafft Neugierde auf Entwicklung.
- Die Geschichte kann unter verschiedene Themen gestellt werden (Siehe Inhalt der Traumgeschichten 2.7.2).

Die Geschichte sollte:

- Erfolgserlebnisse vermitteln,
- Vergleiche schaffen,
- Identifikation möglich machen,
- motivieren,
- nicht strafen,
- zu Ruhe und Entspannung anregen,
- eigenen Träumen Raum lassen,
- nicht mit erhobenem Zeigefinger und Druck arbeiten,
- dem Erfahrungshorizont der Kinder angepaßt sein,
- eher kurz gehalten werden.

e) Ende der Traumstunde

Nach Beendigung der Traumgeschichte gestalten die Kinder aus dem Inhalt der Geschichte das Erlebte/Gehörte, indem sie alleine oder gemeinsam

- ein Bild malen,
- mit Ton oder Knete plastizieren,
- mit Holzbauklötzen bauen,
- auf Kassette sprechen,

- die Geschichte im Rollenspiel wiedergeben,
- die Geschichte mit Hand-/Fingerpuppen nachspielen.

Die Gestaltung wird durchgeführt, um
- zu sehen, was das Kind von der Geschichte verstanden bzw. sich gemerkt hat,
- zu sehen, was das Kind in der Geschichte erlebt hat,
- zu sehen, welche Gefühle evtl. ausgelöst wurden,
- dem Kind die Möglichkeit zu geben, das Erlebte auszudrücken, (Verbal oder durch Handlung ins Bewußtsein bringen).

f) Erwachsenenverhalten
- Der Erwachsene kann durch die Raumgestaltung Atmosphäre schaffen.
- Die Geschichte sollte mit ruhiger Stimme erzählt werden, ohne allzu starke Betonung, aber nicht monoton, die Sprache sollte kindgemäß sein.
- Bei unruhigen Kindern ist es oft hilfreich, wenn sich der Erwachsene danebensetzt/legt und seine Hand auf den Bauch des Kindes legt.
- die Kinder werden nicht gezwungen, sich hinzulegen. Sie sollen aber ruhig auf ihrem Platz bleiben, evtl. mit einem Kuscheltier im Arm, um nicht die Gruppe zu stören.

Diese Traumstunden sollen im Ablauf und in den Geschichten keine Rezepte darstellen.

Es sollen Beispiele sein, die Anregungen für eigene Geschichten geben können.

Wichtig ist, daß der Erwachsene mit dem Kind über die Geschichte ins Gespräch kommt. Dabei erfährt er oft etwas über die Befindlichkeit des Kindes.

Literatur

Alexander, Gerda. Ein Weg der körperlichen Selbsterfahrung, München 1976

Downing, G.: Partnermassage, Goldmann, München 1978

Dürckheim, Karlfried Graf: Hara, die Erdmitte des Menschen, Barth-Verlag

Grindler, John/Bandler, Richard: Therapie in Trance, Klett-Cotta, Stuttgart 1984

Ingham, E.D.: Geschichten, die die Füße erzählen, USA 1938

Köckenberger, H.: Bewegungsräume, borgmann publishing 1996

Leboyer, F.: Sanfte Hände, Kösel 1989

Leuner, Hanscarl: Katathymes Bildererleben, Thieme Verlag

Lodes, Hildrut: Atme richtig, Goldmann 1985

Lysebeth, Andre van: Yoga, Bertelsmann, Gütersloh, Berlin Wien 1970

Müller, Else: Hilfe gegen Schulstreß, rororo 7877

Müller, Else: Auf der Silberlichtstraße des Mondes, Fischer-Verlag 1985

Oaklander, Violet: Gestalttherapie mit Kindern, Klett-Cotta, Stuttgart1981

Peseschkian, Nossrat: Der Kaufmann und der Papagei, Fischer Tb 3300

Petermann/Vaitl: Handbuch der Entspannungsverfahren Band 1 und 2. Psychologie Verlagsunion 1994

Prekop, Jirina: Hättest du mich festgehalten, Kösel, München 1989

Schaarschuch, Alice: Lösungs- und Atemtherapie, Bietigheim 1972

Schwäbisch/Siems: Selbstentfaltung durch Meditation, rororo TB 8321, 1987

Schultz, Johann: Das autogene Training, Stuttgart 1952

Stevens, John: Die Kunst der Wahrnehmung, Kaiser, München 1975

Wagner, Franz: Reflexzonenmassage leichtgemacht, Gräfe und Unzer 1987

Raum für Notizen:

Raum für Notizen:

Raum für Notizen:

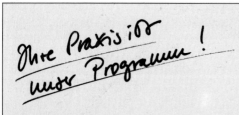

Helmut Köckenberger
Bewegungsräume
Entwicklungs- und kindorientierte Bewegungserziehung
1996, 180 S., mit vielen Illustrationen und Fotos, Format 16x23cm, br, ISBN 3-86145-088-7
Bestell-Nr. 8117   DM 36,00

Barbara Cárdenas
Diagnostik mit Pfiffigunde
Ein kindgemäßes Verfahren zur Beobachtung von Wahrnehmung und Motorik (5-8 Jahre)
3., verb. Aufl. 1995, 196 Seiten, mit Kopiervorlagen, Format 16x23cm, br, ISBN 3-86145-095-X
Bestell-Nr. 8529   DM 39,80

Helga Sinnhuber
Spielmaterial zur Entwicklungsförderung
– von der Geburt bis zur Schulreife
4., durchges. Aufl. 1991, 120 Seiten, mit 75 Abb., Format 16x23cm, br, ISBN 3-8080-0254-9
Bestell-Nr. 1112   DM 28,00

Christa-Maria Hippenstiel / Herbert Krautz
Konzentrations-Trainingsprogramm
*für Kinder des **ersten** und **zweiten** Grundschuljahres*
2. Aufl. 1995, 107 Blatt, Format DIN A4, Block, ISBN 3-86145-013-5
Bestell-Nr. 8355   DM 22,80

Konzentrations-Trainingsprogramm
*für Kinder des **dritten** und **vierten** Grundschuljahres*
1991, 107 Blatt, Format DIN A4, Block, ISBN 3-86145-014-3
Bestell-Nr. 8356   DM 22,80

Hilde Trapmann / Gerhard Liebetrau / Wilhelm Rotthaus
Auffälliges Verhalten im Kindesalter
Bedeutung – Ursache – Korrektur
Handbuch für Eltern und Erzieher
8. unveränd. Aufl. 1994, 244 Seiten, Format 16x23cm, br, ISBN 3-8080-0228-X
Bestell-Nr. 1101   DM 28,00

Peter Ehrlich / Klaus Heimann
Bewegungsspiele für Kinder
Wie ein Kind in seiner Entwicklung gefördert werden kann
4., überarb. und erw. Aufl. 1995, 120 Seiten, mit Fotos, Format DIN A5, br, ISBN 3-8080-0337-5
Bestell-Nr. 1117   DM 29,80

Volker Scheid / Robert Prohl
Kinder wollen sich bewegen
Bewegungserziehung in Wohnung und Halle für das Kleinkindalter
2. Aufl. 1989, 84 Seiten, Format 16x23cm, br, ISBN 3-8080-0153-4
Bestell-Nr. 1134   DM 25,80

Horst Manfred Otte
Ohnmächtige Eltern
Was Eltern verzweifelt macht und Kinder verunsichert – Ein Elternführerschein
2., durchges. Aufl. 1995, XII/172 Seiten, Format DIN A 5, br, ISBN 3-86145-094-1
Bestell-Nr. 8366   DM 29,80

Christine Meier / Judith Richle
Sinn-voll und alltäglich
Materialiensammlung für Kinder mit Wahrnehmungsstörungen
2., durchges. Aufl. 1995, 114 Blatt, 8 Registerblätter, Format 16x23cm, Ringbindung, ISBN 3-8080-0367-7, Bestell-Nr. 1023, DM 38,00

Friedhelm Schilling
Spielen – Malen – Schreiben
10. Aufl. 1994, 78 Blatt, Format DIN A4, Block, ISBN 3-8080-0063-5
Bestell-Nr. 5210   DM 14,80

Kostenloses Gesamtverzeichnis und Direktlieferung ohne Porto- und Versandkosten:

Hohe Straße 39 • D-44139 Dortmund • ☎ (0180) 534 01 30 • FAX (0180) 534 0120